U0642074

# 往生有分

中国佛学经典宝藏

## 50

妙莲 著

星云大师总监修

人民东方出版传媒

东方出版社

# 总序

星云

自读首楞严，从此不尝人间糟糠味；

认识华严经，方知已是佛法富贵人。

诚然，佛教三藏十二部经有如暗夜之灯炬、苦海之宝筏，为人生带来光明与幸福，古德这首诗偈可说一语道尽行者阅藏慕道、顶戴感恩的心情！可惜佛教经典因为卷帙浩瀚、古文艰涩，常使忙碌的现代人有义理远隔、望而生畏之憾，因此多少年来，我一直想编纂一套白话佛典，以使法雨均沾，普利十方。

一九九一年，这个心愿总算有了眉目。是年，佛光山在中国大陆广州市召开"白话佛经编纂会议"，将该套丛书定名为《中国佛教经典宝藏》①。后来几经集思广

① 编者注：《中国佛教经典宝藏》丛书，大陆出版时改为《中国佛学经典宝藏》丛书。

益，大家决定其所呈现的风格应该具备下列四项要点：

一、**启发思想**：全套《中国佛教经典宝藏》共计百余册，依大乘、小乘、禅、净、密等性质编号排序，所选经典均具三点特色：

1. 历史意义的深远性

2. 中国文化的影响性

3. 人间佛教的理念性

二、**通顺易懂**：每册书均设有原典、注释、译文等单元，其中文句铺排力求流畅通顺，遣词用字力求深入浅出，期使读者能一目了然，契入妙谛。

三、**文简意赅**：以专章解析每部经的全貌，并且搜罗重要的章句，介绍该经的精神所在，俾使读者对每部经义都能透彻了解，并且免于以偏概全之谬误。

四、**雅俗共赏**：《中国佛教经典宝藏》虽是白话佛典，但亦兼具通俗文艺与学术价值，以达到雅俗共赏、三根普被的效果，所以每册书均以题解、源流、解说等章节，阐述经文的时代背景、影响价值及在佛教历史和思想演变上的地位角色。

兹值佛光山开山三十周年，诸方贤圣齐来庆祝，历经五载、集二百余人心血结晶的百余册《中国佛教经典宝藏》也于此时隆重推出，可谓意义非凡，论其成就，则有四点可与大家共同分享：

一、**佛教史上的开创之举**：民国以来的白话佛经翻译虽然很多，但都是法师或居士个人的开示讲稿或零星的研究心得，由于缺乏整体性的计划，读者也不易窥探佛法之堂奥。有鉴于此，《中国佛教经典宝藏》丛书突破窠臼，将古来经律论中之重要著作，做有系统的整理，为佛典翻译史写下新页！

二、**杰出学者的集体创作**：《中国佛教经典宝藏》丛书结合中国大陆北京、南京各地名校的百位教授、学者通力撰稿，其中博士学位者占百分之八十，其他均拥有硕士学位，在当今出版界各种读物中难得一见。

三、**两岸佛学的交流互动**：《中国佛教经典宝藏》撰述大部分由大陆饱学能文之教授负责，并搜录台湾教界大德和居士们的论著，借此衔接两岸佛学，使有互动的因缘。编审部分则由台湾和大陆学有专精之学者从事，不仅对中国大陆研究佛学风气具有带动启发之作用，对于台海两岸佛学交流更是帮助良多。

四、**白话佛典的精华集萃**：《中国佛教经典宝藏》将佛典里具有思想性、启发性、教育性、人间性的章节做重点式的集萃整理，有别于坊间一般"照本翻译"的白话佛典，使读者能充分享受"深入经藏，智慧如海"的法喜。

今《中国佛教经典宝藏》付梓在即，吾欣然为之作序，并借此感谢慈惠、依空等人百忙之中，指导编修；吉广兴等人奔走两岸，穿针引线；以及王志远、赖永海等大陆教授的辛勤撰述；刘国香、陈慧剑等台湾学者的周详审核；满济、永应等"宝藏小组"人员的汇编印行。由于他们的同心协力，使得这项伟大的事业得以不负众望，功竟圆成！

《中国佛教经典宝藏》虽说是大家精心擘划、全力以赴的巨作，但经义深邈，实难尽备；法海浩瀚，亦恐有遗珠之憾；加以时代之动乱，文化之激荡，学者教授于契合佛心，或有差距之处。凡此失漏必然甚多，星云谨以愚诚，祈求诸方大德不吝指正，是所至祷。

一九九六年五月十六日于佛光山

# 原版序
## 敲门处处有人应

慈惠

《中国佛教经典宝藏》是佛光山继《佛光大藏经》之后，推展人间佛教的百册丛书，以将传统《大藏经》精华化、白话化、现代化为宗旨，力求佛经宝藏再现今世，以通俗亲切的面貌，温渥现代人的心灵。

佛光山开山三十年以来，家师星云上人致力推展人间佛教，不遗余力，各种文化、教育事业蓬勃创办，全世界弘法度化之道场应机兴建，蔚为中国现代佛教之新气象。这一套白话精华大藏经，亦是大师弘教传法的深心悲愿之一。从开始构想、擘划到广州会议落实，无不出自大师高瞻远瞩之眼光，从逐年组稿到编辑出版，幸赖大师无限关注支持，乃有这一套现代白话之大藏经问世。

这是一套多层次、多角度、全方位反映传统佛教文化的丛书，取其精华，舍其艰涩，希望既能将《大藏经》

深睿的奥义妙法再现今世，也能为现代人提供学佛求法的方便舟筏。我们祈望《中国佛教经典宝藏》具有四种功用：

## 一、是传统佛典的精华书

中国佛教典籍汗牛充栋，一套《大藏经》就有九千余卷，穷年皓首都研读不完，无从赈济现代人的枯槁心灵。《宝藏》希望是一滴浓缩的法水，既不失《大藏经》的法味，又能有稍浸即润的方便，所以选择了取精用弘的摘引方式，以舍弃庞杂的枝节。由于执笔学者各有不同的取舍角度，其间难免有所缺失，谨请十方仁者鉴谅。

## 二、是深入浅出的工具书

现代人离古愈远，愈缺乏解读古籍的能力，往往视《大藏经》为艰涩难懂之天书，明知其中有汪洋浩瀚之生命智慧，亦只能望洋兴叹，欲渡无舟。《宝藏》希望是一艘现代化的舟筏，以通俗浅显的白话文字，提供读者遨游佛法义海的工具。应邀执笔的学者虽然多具佛学素养，但大陆对白话写作之领会角度不同，表达方式与台湾有相当差距，造成编写过程中对深厚佛学素养与流畅白话语言不易兼顾的困扰，两全为难。

## 三、是学佛入门的指引书

佛教经典有八万四千法门，门门可以深入，门门是无限宽广的证悟途径，可惜缺乏大众化的入门导览，不易寻觅捷径。《宝藏》希望是一支指引方向的路标，协助十方大众深入经藏，从先贤的智慧中汲取养分，成就无上的人生福泽。

### 四、是解深入密的参考书

佛陀遗教不仅是亚洲人民的精神归依，也是世界众生的心灵宝藏。可惜经文古奥，缺乏现代化传播，一旦庞大经藏沦为学术研究之训诂工具，佛教如何能扎根于民间？如何普济僧俗两众？我们希望《宝藏》是百粒芥子，稍稍显现一些须弥山的法相，使读者由浅入深，略窥三昧法要。各书对经藏之解读诠释角度或有不足，我们开拓白话经藏的心意却是虔诚的，若能引领读者进一步深研三藏教理，则是我们的衷心微愿。

# 大陆版序一

赵朴初

　　《中国佛教经典宝藏》是一套对主要佛教经典进行精选、注译、经义阐释、源流梳理、学术价值分析，并把它们翻译成现代白话文的大型佛学丛书，成书于二十世纪九十年代，由台湾佛光文化事业有限公司出版，星云大师担任总监修，由大陆的杜继文、方立天以及台湾的星云大师、圣严法师等两岸百余位知名学者、法师共同编撰完成。十几年来，这套丛书在两岸的学术界和佛教界产生了巨大的影响，对研究、弘扬作为中国传统文化重要组成部分的佛教文化，推动两岸的文化学术交流发挥了十分重要的作用。

　　《中国佛学经典宝藏》则是《中国佛教经典宝藏》的简体字修订版。之所以要出版这套丛书，主要基于以下的考虑：

　　首先，佛教有三藏十二部经、八万四千法门，典籍浩瀚，博大精深，即便是专业研究者，穷其一生之精力，恐也难阅尽所有经典，因此之故，有"精选"之举。

其次，佛教源于印度，汉传佛教的经论多译自梵语；加之，代有译人，版本众多，或随音，或意译，同一经文，往往表述各异。究竟哪一种版本更契合读者根机？哪一个注疏对读者理解经论大意更有助益？编撰者除了标明所依据版本外，对各部经论之版本和注疏源流也进行了系统的梳理。

再次，佛典名相繁复，义理艰深，即便识得其文其字，文字背后的义理，诚非一望便知。为此，注译者特地对诸多冷僻文字和艰涩名相，进行了力所能及的注解和阐析，并把所选经文全部翻译成现代汉语。希望这些注译，能成为修习者得月之手指、渡河之舟楫。

最后，研习经论，旨在借教悟宗、识义得意。为了将其思想义理和现当代价值揭示出来，编撰者对各部经论的篇章品目、思想脉络、义理蕴涵、学术价值等所做的发掘和剖析，真可谓殚精竭虑、苦心孤诣！当然，佛理幽深，欲入其堂奥、得其真义，诚非易事！我们不敢奢求对于各部经论的解读都能鞭辟入里，字字珠玑，但希望能对读者的理解经义有所启迪！

习近平主席最近指出："佛教产生于古代印度，但传入中国后，经过长期演化，佛教同中国儒家文化和道家文化融合发展，最终形成了具有中国特色的佛教文化，给中国人的宗教信仰、哲学观念、文学艺术、礼仪习俗等留下了深刻影响。"如何去研究、传承和弘扬优秀佛教文化，是摆在我们面前的一个重要课题，人民东方出版传媒有限公司拟对繁体字版的《中国佛教经典宝藏》进行修订，并出版简体字版的《中国佛学经典宝藏》，随喜赞叹，寥寄数语，以叙因缘，是为序。

二〇一六年春于南京大学

# 大陆版序二

依空

　　身材高大、肤色白皙、擅长军事的亚利安人，在公元前四千五百多年从中亚攻入西北印度，把当地土著征服之后，为了彻底统治这里的人民，建立了牢不可破的种姓制度，创造了无数的神祇，主要有创造神梵天、破坏神湿婆、保护神毗婆奴。人们的祸福由梵天决定，为了取悦梵天大神，需要透过婆罗门来沟通，因为他们是从梵天的口舌之中生出，懂得梵天的语言——繁复深奥的梵文，婆罗门阶级是宗教祭祀师，负责教育，更掌控了神与人之间往来的话语权。四种姓中最重要的是刹帝利，举凡国家的政治、经济、军事、文化等等都由他们实际操作，属贵族阶级，由梵天的胸部生出。吠舍则是士农工商的平民百姓，由梵天的膝盖以上生出。首陀罗则是被踩在梵天脚下的土著。前三者可以轮回，纵然几世轮转都无法脱离原来种姓，称为再生族；首陀罗则连轮回的因缘都没有，为不生族，生生世世为首陀罗，子孙也倒霉跟着宿命，无法改变身份。相对于此，贱民比首陀罗更为卑微、低贱，连四种姓都无法跻身其中，只能从事挑粪、焚化尸体等最卑贱、龌龊的工作。

出身于高贵种姓释迦族的悉达多太子，为了打破种姓制度的桎梏，舍弃既有的优越族姓，主张一切众生皆平等，成正等觉，创立了佛教僧团。为了贯彻佛教的平等思想，佛陀不仅先度首陀罗身份的优婆离出家，后度释迦族的七王子，先入山门为师兄，树立僧团伦理制度。佛陀更严禁弟子们用贵族的语言——梵文宣讲佛法，而以人民容易理解的地方口语来演说法义，这就是巴利文经典的滥觞。佛陀认为真理不应该是属于少数贵族、知识分子的专利或装饰，而应该更贴近普罗大众，属于平民百姓共有共知。原来佛陀早就在推动佛法的普遍化、大众化、白话化的伟大工作。

佛教从西汉哀帝末年传入中国，历经东汉、魏晋南北朝、隋唐的漫长艰巨的译经过程，加上历代各宗派祖师的著作，积累了庞博浩瀚的汉传佛教典籍。这些经论义理深奥隐晦，加以书写的语言文字为千年以前的古汉文，增加现代人阅读的困难，只能望着汗牛充栋的三藏十二部扼腕慨叹，裹足不前。

如何让大众轻松深入佛法大海，直探佛陀本怀？佛光山开山宗长星云大师乃发起编纂《中国佛教经典宝藏》。一九九一年，先在大陆广州召开"白话佛经编纂会议"，订定一百本的经论种类、编写体例、字数等事项，礼聘中国社科院的王志远教授、南京大学的赖永海教授分别为中国大陆北方与南方的总联络人，邀请大陆各大学的佛教学者撰文，后来增加台湾部分的三十二本，是为一百三十二册的《中国佛教经典宝藏精选白话版》，于一九九七年，作为佛光山开山三十周年的献礼，隆重出版。

六七年间我个人参与最初的筹划，多次奔波往来于大陆与台湾，小心谨慎带回作者原稿，印刷出版、营销推广。看到它成为佛教徒家中的传家宝藏，有心了解佛学的莘莘学子的入门指南书，为星云大师监修此部宝藏的愿心深感赞叹，既上契佛陀"佛法不舍一众"的慈悲本怀，更下启人间佛教"普世益人"的平等精神。尤其可喜者，欣闻现大陆出版方东方出版社潘少平总裁、彭明哲副总编亲自担纲筹划，组织资深编辑精校精勘；更有旅美企业家鲁彼德先生事业有成之际，秉"十方来，十方去，共成十方事"之襟怀，促成简体字版《中国佛学经典宝藏》的刊行。今付梓在即，是为序，以表随喜祝贺之忱！

二〇一六年元月

# 目　录

# 1　往生有分

锺石磐老居士

　　"往生有分"，这句话是妙莲法师对我们说的，那是在一九七五年十一月二十八日，地点是台南县永康乡大湾村净土寺，他是为圆寂的净念法师作三时系念而来的。在他休息时候，我请问他："要怎样才能修到一心不乱？"他回答我的第一句话："你们往生有分。"接着补充说："那是西方极乐世界的凡圣同居土。"他又解释说："要想修到念佛一心不乱，不是一件容易的事，若能修成，便是阿罗汉；你们只要信愿坚固，执持名号，那就必定往生有分。"

　　本来净念法师三七之期，是请真华法师来作三时系念，而真华法师却把妙莲法师邀了来，替他主坛，他们是由高雄市千光寺佛像开光后转来的。由于妙莲法师闭关二十年之久，真华法师担心他会把许多佛事都忘了，但他从容应付，那天的三时系念作得非常成功，丝毫不错。当时他的祖衣和黄袍，是借用真华法师的，他俩的身材一样高大，所以穿起来很合适也威仪，其实他平常只穿一件皂色布袍而已。真华法师说：他们三人，包括妙莲法师和净念法师，同在灵岩山修行念佛，而且三人同岁，一九七五年同为五十四岁，不幸净念法师竟被胰脏癌夺去了生命；虽是同修同年，毕竟因果各自不同。

真华法师又告诉我：妙莲法师在香港闭净土关二十年，关中修了十次般舟三昧，每次为九十天，不坐不卧，每天二十四小时绕佛、拜佛或站着念佛，交换使用，只有约一小时会昏沉一点，那是在拜佛的时候，两手伏地起不来了。这情况是克制睡魔，我猜想可能是人在体能上的极限，三个月的不眠不休，谈何容易！因此我想起三十年前，一九四六年我在江西南昌的皈依师慧定禅师，他在南海行宫一间约六席大的小房中，闭关参禅，只有一个月就出了关。我问："师父怎么样了？"他对我们说："我现在一天二十四小时，只有一小时稍微昏沉一下，其余的时间全是瞭瞭亮亮的。"当时我不知道进一步追问。但，今与妙莲法师相对照，一是参禅，一是念佛，用起功来，每天都只有一小时的昏沉，这情况岂不是人的体能上的极限吗？但入定则恐怕又是另一回事，因为慧定禅师的入定时间，常在十天半月上下，那种境界如何？那就不是我们所能猜想出来的了。

一般行者闭关三五年，都很不容易，妙莲法师闭关达二十年之久，难行能行，堪称坚苦卓绝，因缘如此殊胜，故我建议：请妙莲法师将经过写出来，不是为了显耀，而是将其经验提供给后人参考。真华法师说，他也提议过了，但妙莲法师没允许。净土寺浴室少，等大家洗浴之后，妙莲法师才入浴，时间已是午夜十二点了，但到一点还不见出来，也没有声音，大家以为他晕倒了，敲开门来，才知道他把衣服全洗净了。我问他：是否现在还是睡眠少？因我得知他已经克制了睡魔故。他回答说：不，现在要多睡一些了。他虽如此说，可能他比一般人少睡，所以他才不急于睡。

依我两天来的粗浅观察，妙莲法师的确有点与众不同，喜宁静、不闲聊，手不离书，或念佛、或拜佛，可见他已是不随流俗了。他独对法师寮的侍者女居士美贵说："你要多念佛。"可能发现她的业障比较重吧？而这就不是平常人的眼光了，因为美贵的身世的确很可怜，但妙莲法师却能一眼就看出来。

妙莲法师说我们"往生有分"，似乎是勉励也算是预言，这句话却增强了我们无比的信心，感觉修念佛法门，既正确又有把握。想起十多年前，我们在新店碧潭海藏寺清严法师那里挂了几天单，晨起早课后，清严法师微笑着说:"你们俩人将来一定可以往生西方。"当时以为是他夸奖我们的话,所以并没有在意。可是现在他示现了肉身不坏,他的道行已为举世所钦仰,对他所说的话,我们也就不能不相信是预言了。

清严法师在嘉义小灵山的时候,亦讲了许多感应的话,如看见空中往来的菩萨等,因为我们看不见,亦只好姑妄听之。听说清严法师把他所见,曾经写文寄给某杂志,而不见披露,恐怕被认为是神话吧?假使这篇文能留存到现在,那一定是很珍贵的独家新闻了。现在想起来,清严法师早就显露出神通了,只是我们凡夫看不透,因此,我对妙莲法师的推测,相信他必定已经进入应真阿罗汉的圣位了,所以他也是有神通的,那么,他的话亦就不平凡了。

神通,原来人人本有的,只因惑业障蔽,不能显发而已,若肯勤修戒定慧,息灭贪嗔痴,则本性光明自然照耀,神通亦自然显发了。我认为清严法师肉身不坏,至少需要三世的修持,才能成功,因此,他的神通是报得。至于妙莲法师的神通则是修得,因为他闭关二十年,修了十次般舟三昧,出关之后,仍以印经弘法为急务,不随流俗所沾染,则其佛慧境界自将保持不失,这也是可以推想而知的。由此可知,依佛法而能真实修行者,则显发神通并非难事,教门大德具有神通的人可能不少,何以不愿显示出来呢？这大概有三个原因：

（1）佛法是第一胜义谛，佛陀晓谕人们重视的是教理，在不得已之时，才显通以证理。

（2）否则，先显通而蔽理，将与外教何异？外教只求显通以为炫耀，因其教理浅薄，不足以劝服于人，尤其知识分子，更难使之信服，乃不得不以显通为其手段与能事了。

（3）由于显通容易获致名闻利养，因而迷于名利，遂不思以教理劝化于人，成为舍本逐末，终至流于坛鸾乩童之品类了。

是以古今大德均有通，但皆秘而不显，唯劝人以教理为先，若能依教奉行，则人人都会显发神通了，此为不显而大显的道理。至于肉身不坏名为全身舍利，是由精修戒定慧之所获得，因为外教得不到，就用"木乃伊"等名词，加以诬蔑破坏。清严法师在世并没声名，但自从显示肉身不坏，顿时轰动海内外，闻名而来参拜者，不绝于途，这是他借神通弘化的另一方式。

我们亦想获得一些小神通，帮助我们往生，希望：

（1）预知时至，能于往生前三日，得到正确的消息。

（2）身无病苦，完全在健康正常状况之下。

（3）同时往生，万一不许可，则其前后相隔不超过一百天。

这个愿望的实现，深恐我们自己修持的力量还做不到，那就只有仰仗阿弥陀佛的大慈悲力了。若能如愿以偿，相信可能也会劝化一小部分人，至少我们的一些亲友，都会感到惊奇而受到感化吧！

尽管我们很幸运地得遇两位善知识的预言嘉勉，然而至今我们仍是身处娑婆，在此五浊恶世，念佛修行如同逆水行舟，不进则退，唯有勤自策勉，精进不懈，或者可能达到莲池海会的彼岸。更要勿忘我族远祖蕅公大师的名言："得生与否，全凭信愿之有无；品位高下，但看持名之深浅。"而成佛度生，乃是我们企求往生西方的大愿，岂可以因闻预言能生同居，即自满足，便不思所以增进若干品位耶？本文写于净念法师圆寂十个月之后，我们得见妙莲法师是在净土寺，无常迅速，转瞬即届周年了，即以此文作为怀念净念、清严二位戒师吧！

（转载自《中国佛教》二十一卷第二期）

# 2 敬贺妙莲法师掩关二十年

真华法师

　　一提到妙莲法师，我即很自然地想起了二十五六年前，在苏州与他相处时的一段往事来。当时我们同在灵岩山寺为大众服务，我任知客，他当僧值，彼此的寮房门对着门，又因为都是初任新职，有许多事必须互相商讨，所以我们几乎没有一天不偕行于念佛堂与客堂之间的走廊上；有时在晚课完毕，事务稍暇之际，互踏着夕阳的余晖，偶尔也会到附近的吴王井、西施台、莲花池、佛日岩等处走走，一面抚今思古，一面交谈着各人出家参学的经过。在那段融洽和乐的日子里，几不知世间还有战争、饥馑、生离死别等苦事。相信，如果不是后来时局剧烈转变，很可能我们直到现在，依然安身立命于灵岩道场，老实念佛哩！

　　一九六八年三月，我由曼谷返国，途经香港，承妙智法师热忱招待，邀我住在他住持的中华佛教青年会，在一次斋会中，无意间获得妙莲法师在青山掩关的消息，并且听说他一九四九年到香港时，遭遇到许多的拂逆，吃到了不少的苦头，然后才到大屿山某寺闭关苦修，但由于环境太欠理想，以致时常病魔缠身，扰得无法安心办道，好在吉人自有天相，后来幸得某法师的大力护助，才又在青山继续掩关。在我得到这个消息的第二天，即由智梵、明远二位法师陪同，到了青山佛慈精舍（现已改佛慈净寺），会见了一别二十年的妙师，真是恍如隔世！至于晤面时的感触，正像后来妙师给我的信中说："真法师啊！想不到我们天各一方，在这二十年后突然见面，内心的喜慰，可想而知！但同时也涌起许多往事，慨伤莫可言喻！而难得一次相聚，时间却又不容许我们畅谈，真是遗憾！"末后他又在信上说："你来山的次日，我曾托人打电话给金山法师，请他陪你来山供佛吃斋，结果你没来，失望之至！失望之极！"一片真挚之情，跃然纸上，我为之感慨不已！

我与妙师自从那次在香港别后，不觉又是六七年了！但每隔三五个月，必定互相通讯一次，谈谈近况，叙叙种种，我们再不能因为"天各一方"而使音讯断绝了！我们虽然没有世俗间的所谓"金兰之盟"，也无法系上同门之谊，然我们为道互勉、为法忘私的一念，却往往而自然趋向一致。弘一大师有言："君子之交，其淡如水；执象以求，咫尺千里！"真的，"人之相知，贵相知心"，彼此交往，只要志同道合，以诚相见，以善相勉，以上求下化相激励，又何必一定在什么"结拜""订盟"上"执象"呢？

上个月妙师突然来信告诉我说："前后闭关二十年了，仍没有得到念佛三昧，惭愧之余，已决定在旧历九月二十七日出关。这出关是暂时的，待我将凤愿做好，仍要返回关房以等待弥陀慈父接引。噫！此身不向今生度，更待何时度此身耶！出关本来不想举行任何仪式的，但为了筹备点费用赶印《大智度论》，以了多年的凤愿，只好惊动信众一次结结法缘了！"我在回信上则老实不客气地说："你出关的盛典我既不能前来参加，也没有什么贺仪可送，然想写篇小文，寄到《菩提树》发表，权当我赠你的纪念品，你看好不好呢？"等了几天他回信说："惭愧啊！掩关二十年没有念佛三昧给人看，还有什么面目可以吹扬呢？请待一时，等我往生若能预知时至，再为我写往生传可也。但必须要预知时至，而且要有天乐鸣空，异香满室，住众皆知；如此的往生瑞相，才可值得写传记。否则不必浪费精神与读者的宝贵时间啊！"接着又说："你无贺仪可送，怎能满足我的贪心呢？我想要你送最高贵的礼物，那即是请你祈求大悲观世音菩萨，为我回向，加被我于出关之日，风和日丽，不寒不热，凡发心来山随喜的人，都得法喜充满，诸事吉祥，悉皆得度，同生西方。这种贺仪，恳请即日备办，至祷至祷！"唉，菩萨！真是一位菩萨！

妙师说："掩关二十年没有念佛三昧给人看，还有什么面目可以吹扬的？"其实，一个淡于名利的行者，就是有舍利弗那样的智慧，目犍连那样的神通，大迦叶那样的苦行，阿难陀那样的多闻，也没有什么值得"吹扬"的。然而，如果是为了使众生闻善生喜，效法乎上，发大菩提，那就另当别论了。妙莲法师有没有得到"念佛三昧"，我们且置勿论，因为那是"如人饮水，冷暖自知"的境界，不是别人所容易了解的；现在仅仅从他一下子闭了二十年关的这件事来说，已算是稀有甚为稀有，难得极为难得了！试想：人的一生有几个二十年？更何况三十岁到五十岁之间的二十年，正是身心最不易控制的时期，也正是最活跃的时期，可是，我们的妙莲法师，他竟能安安闲闲地，慢慢吞吞地，有条不紊地，湛然不动地，在一间面积大不过数坪的小木楼上，度过了悠然二十年的岁月。这种作略，我想假使那位三十年形不离山、足不涉俗的慧远大师，于常寂光中有知的话，也必欢喜赞叹！

我时常说：生活在现代的出家人，且慢高谈成佛做祖、了生脱死的话，能先耐得住寂寞，受得了清苦，名利不足动其心，权势不足夺其志，本本分分，规规矩矩，有始有终，随缘随力地做些自他两利的事，就很不错了！经常见到一些青年，欢欢喜喜，恳恳切切地，进了佛门，披上僧衣，受具足戒，入佛学院，循规蹈矩，如法次第，看来蛮像一回事，但不知怎么搞的，过不了几年，却又静悄悄地，脱去了袈裟，走进了社会，去度其醉生梦死的生活！究其原因虽非一端，而不甘寂寞，难熬清苦，是最主要的。看看这种现象，想想目前僧宝，愈觉得妙莲法师二十年的卓行，不唯已给出家二众树立了一个好的榜样，并且是全体佛教徒莫大的光荣！因此，我忘了自己的谫陋，缀此芜文，以表敬贺之意。

（转载自一九七四年十月《菩提树》第二六三期）

# 3 过堂开示

修见敬记（一九八八年四月一日灵岩山寺戒期）

今天是农历二月十五日，是佛陀涅槃之日，佛陀入涅槃，辞别众生，回归常寂光净土，剩下未度的众生，就留待弥勒佛来度；但弥勒佛降生还要七亿个万年之久，在这期间没有佛。我们生在这佛前佛后，也就是弥勒佛前，释迦牟尼佛后；在此末法时代，犹如无父无母的孤儿，真是好苦啊！尤其是在这个娑婆世界，更是苦不堪言。

好在佛陀大慈悲，无问自说，介绍一个西方极乐世界净土念佛的法门，又有戒法的存在。世尊曾说他入涅槃后，末法众生若能依戒法修持，也等同佛住世。在这个末法时代，虽还有其他法门，但印光大师告诉我们，其他法门虽高虽妙，都是不契合我们现代的根机，此即《大集经》云："末法亿亿人修行，罕一得道，唯依念佛得度。"这是佛陀在经上明明白白告诉我们，末法时代除了念佛法门，是无法度脱的。诸位总算都有善根，发心来受持如来的戒，你们受了戒，就等于与佛同在，若再能不忘念佛，有这两种功德，双管齐下，往生决定有望。诸位只要戒守得清净又能念佛，保管你们一定往生。预祝诸位往生西方！

诸位要记住，一定要双管齐下。若不念佛，五戒纵然持得清净圆满，也只能保持人身不失，想了生脱死是不可能的，这点大家要特别注意！有人以为受了戒就能了脱生死，就能成佛。要知五戒只是为人之因，想了生死，要修四谛法，那是声闻缘觉法。明天诸位要受菩萨戒，菩萨戒是了生死的，要知了生死一定要断惑业，要断贪嗔痴，这是生死的种子；这种子不断，虽说是要行菩萨道，度众生，那也只是方便度生而已。

菩萨戒的内容分为三种：一、摄律仪戒，是无恶而不断。二、摄善法戒，是无善而不修。三、饶益有情戒，是无生而不度。所以菩萨戒的内容可说是包括了一切的佛法。这三聚净戒，大家若能做到，自然就是菩萨。可是你们在家居士障缘太多，若非菩萨再来，哪能身处在污泥中而不受染呢！千万不要说在家修行也是一样，除非你们能像维摩诘居士一样，虽身处浊世中而不受染，虽为白衣而能奉持沙门戒法；如果你是这种根性，那么在家与出家是一样。若非如此，却说在家同出家一样，那我们出家不都是多余了吗？

说此话者，是否想过，释迦世尊为何不在皇宫修行？他的父王帮他在皇宫造三时殿，一切都很舒适，在皇宫里修行就好了，为何又要到雪山修苦行，要违背父王的心意呢？在这地方要思惟思惟，开点智慧。如果世尊不出家修而在家修，那最多只能做个转轮圣王，王四天下，教导人民修五戒十善；但修持五戒十善，只能得人天果报，仍不出六道轮回；且人天福报享尽，再堕落三途，那就一失人身，万劫难复了。

告诉诸位，要证罗汉果一定要出家，在家充其量只能证三果，这些教理层次要明白，不明白的话，就糊里糊涂的，以为在家出家都一样。

我今天为什么要说出这些话，因为有很多人，就在这些地方笼统含糊事理不清。没听真正善知识的教导，却听那些非因果事理的话，反把错的当成真的，真是业障！这就是末法时代的普遍现象。

想了生死，一定要断惑业。惑业就是贪嗔痴三毒，此惑业不尽，生死不能了；此业不断，诸恶亦难不做。故惑未尽要想清净是不可能的。

谈到断惑业，也不是容易的。证初果如截四十里洪流，何况要证四果的阿罗汉。虽很难，但也有容易的方法，什么方法呢？就是要持戒念佛双管齐下、同时并行。倘持戒不念佛，只是感人天之果，不能超三界了生死。我们想出三界，要横截三界，直趋西方，那就要持戒加念佛。反之，若念佛不持戒，众生本已造了许多恶业，再不持戒、不止恶，不但旧业难消，又再造新殃。如是往生无望，生死亦无了期。所以我们一定要持戒念佛、念佛持戒。一面持戒止新殃，一面念佛消旧业，求弥陀慈父来接引，生西方极乐世界，这样保管你一生成佛。

往生西方一生成佛，当然不是说一到了西方就成佛，而是到了极乐世界好好地再修行。在那个地方修行只有前进，而没有后退。《弥陀经》上云："众生生者，皆是阿鞞跋致（不退转）。"而在我们这个娑婆世界修行，你前进一步，说不定要退两三步。

为何到了西方极乐世界只有前进没有后退？因那个国土殊胜，依正二报都殊胜。《弥陀经》上说："众生闻者，应当发愿，愿生彼国。所以者何？得与如是诸上善人俱会一处。舍利弗，不可以少善根福德因缘，得生彼国。"阿弥陀佛、观世音、大势至以及清净大海众菩萨，都是诸上善人，与他们俱会一处，没有妨碍修道的因缘，一切皆是清净殊胜。

诸位欲生彼国，是不可以少善根福德因缘的，必须精进念佛，严持净戒，方能得生彼国。所以诸位要记住：念佛要持戒，持戒要念佛。我这么啰啰唆唆地说："念佛持戒，持戒念佛。"你们果真把它记住，依之修行就好了，我不啰唆一点，恐怕你们轻易就会忘记了。希望大家能谨记于心，并奉行之。

# 4 灵岩山寺剃度大典纪实

修戒恭录

　　"天下丛林饭似山，钵盂到处任君餐；黄金白玉非为贵，唯有袈裟披肩难。"出家乃大丈夫所行事，非将相所能为。而一九八八年农历九月十九日观世音菩萨出家纪念日当天，位于台湾南投县埔里镇的灵岩山寺，计有九位发大心的善男子和九位善女人善根福德因缘成熟，乃于此日举行剃度典礼，法缘之殊胜，叹未曾有。本人有幸恭逢盛会，并忝为其中剃度之一员，深感观音菩萨威神之力叹莫能穷。

　　典礼在"念佛堂"内举行，正门的上下对联——灵岩山寺缁素共修弘净土，念佛堂内众生同愿往西方——令人一望即速发道心。一大早，山上早已陆陆续续涌来一批批前来观礼的人潮；山上每月本就固定打一期佛七，此次为纪念观世音菩萨出家日，所以打观音七；此日又是观音七的圆满日，故使念佛堂内外挤满了观礼的信众，估计至少在五百人以上。八时整，住持妙莲老和尚披搭金黄色袈裟，庄严地立于念佛堂正中拜垫前，更显现威德具足；而十八位新出家人个个法相庄严，堪媲美十八罗汉，其中年纪最小者仅十二岁，最大者三十九岁，可谓都是有为青年。然虽各人福德因缘不同，但今者皆能同日得度，此实令人赞叹老和尚德行感召力之不可思议。

当"炉香赞"一起腔，念佛堂中顿时钟鼓齐鸣，大众齐唱；梵呗声响遍每一角落，震撼每一佛子之肺腑，直达云霄，使诸佛海会悉遥闻，随处遍结朵朵祥云，前来普荫此一盛会。随着即将剃度之十八位新出家者，一一拈香供养十方常住三宝，无数闪光灯之光芒交织着，一如佛光不停地遍照大众，眼见许多人争相捕捉这一稀有难得的盛况，摄下每位行者最庄严的法相；此刻抬头仰望念佛堂中庄严的西方三圣像，正身端坐，金光晃耀，绀目垂慈，不禁感动，欢喜莫名。

典礼至大众称念"南无本师释迦牟尼佛"的圣号，老和尚手持剃刀，一一为十八位剃度时，进入最高潮。辞亲偈的"流转三界中，恩爱不能脱；弃恩入无为，真实报恩者"，及剃头偈的"毁形守志节，割爱无所亲；弃家弘圣道，愿度一切人"，悠扬的唱诵声至今犹存。只觉无始劫来的尘劳、烦恼，似乎在为师的这一清凉刀下，顿然剃得清净。了知我此身是一出世的新人，无上的法喜、感恩涌上心头；圣号中和着大众的泪水，和着欢喜，和着感动，和着惭愧，也和着忏悔。

南无本师释迦牟尼佛的圣号不断萦绕在整个念佛堂中，这股赤诚悲切的力量，足以震动整个三千大千世界，整个无量无边虚空啊！"灵山一会愿相逢，受记振宗风；灵山一会愿常逢，受记振宗风"，也默然盘踞心头。而来自全省各地的佛教团体、居士、大德纷纷于此时以最虔敬之心，一一供养新剃度的师父们，此情此景令人百感交集，非笔墨所能形容。只知施主们激动的泪水滴落在供养物上，只知供养物的分量不断在增加中；自思若不在道业上有所成就，如何承载得了这如千斤般重的供养啊！若不精进修持，求生西方，早日乘愿再来，广度有情，实无以为报！

由于此次是灵岩山寺圆顶人数最多的盛会，法缘之殊胜，前所未有，故典礼一直持续至十一时午供后方圆满结束。下殿后，会场洋溢着一片温馨的道贺声、赞叹声，大众稍事休息，随即过堂用午斋。想想！观世音菩萨在久远劫前于此日出家修行，早已成佛广度诸含识；倘无大士当日之出家，何来今天十八位新师父于此日之发心出家？何来过去与未来无量千万人出家？大士能使众生现生求愿决定果遂，能护持众生发广大道心；若无菩萨之加持，又有何德何能厕身僧流？大士之深恩实穷劫亦莫能赞！而老和尚一如菩萨之慈悲，虽极端劳累，却仍不忘过堂时谆谆开示与会大众，要在吃下汤圆、寿桃之午斋后，亦能效法观世音菩萨发"出家"之心，亦即出离尘俗之家，出三界火宅之家，而求生西方净土之家。老和尚之开示，思之！思之！至圆至满，身为弟子当依教奉行。

午后，灵岩道场仍是一片热闹，信众仍不停涌上山来。下午二时并有上百位居士大德求受三皈、五戒，而于此日正式成为三宝弟子。直至是晚，一群群居士、青年同学们，以至诚之心，高声称念"南无大悲观世音菩萨"的圣号，三步一拜，从山门朝上山来。然微暗的天空竟开始遍洒甘露法雨，这真是观世音菩萨的"瓶中甘露常遍洒，手内杨枝不计秋；千处祈求千处应，苦海常做度人舟"。当晚，又有很多人难忍能忍，难行能行，燃香供佛；在阵阵佛号声中，一颗颗香头逐渐燃至臂上，着实令人赞叹，感动不已。九月十九日也随着佛号声之结束而功德圆满。

剃度大典至今虽已结束，山上又再恢复平时的清净，但仍有许多向隅者为当日不得亲临法会而深自惋惜。谨为此文，愿一切见闻者，同获剃度之无边殊胜功德，共沾法益，求生西方净土。

（转载自《大光明杂志》）

# 5 弟子剃度日为信众开示

修见恭录

现在很多人都说："不要出家啦！在家修行还不是一样！你出家能受得起人家礼拜吗？能受得起人家的供养吗？"这话乍听之下似乎很有理，其实，这是假善知识，冒牌佛教徒胡言；真善知识是恭敬僧宝，哪有阻人出家的？这里所感善恶因果，请恭阅《出家功德经》就知道了。切勿造恶口业，受苦堪可怜！往往有一些想出家的人，被他这么一说，都不敢出家了。现在外面就有这些人，这真是末法时代；说好话的人没有，打气的人没有，泄气的人却是那么多。

他们一味地说："在家出家修行不都一样，何必要出家？若都出家，世间人都要绝种了。"有些发心想出家的，听了这话也糊里糊涂地认同："是啊！那还是在家修行吧！"

诸位注意啊！想出家的人就千万不要听那些话，障碍了你的前程。其实，如果大家都出家修梵行，这个世界就清净了；众生不再是胎生情有，而是清净的莲花化生，哪里会绝种呢！此世界既然清净了，那么也不需要生西方了，因这个娑婆世界已转成了净土。但我们现在居此三界牢狱，这是一个多么苦恼的世界，又有更苦的三途，难道你还怕地狱众生空了吗？还怕牢狱的人都走光了吗？这真是邪知邪见！若能持守佛净戒，世上没有犯罪造恶的人，就没有牢狱，也没有了地狱，那不是很好吗？大家果真都能出家，将来这世界就是佛国，个个都是莲花化生的，岂不更好！只可惜的是：万不可能人人都出家，这个世界也就万不可能成为佛国的。所以，请不必杞人忧天，阻人出家，因发心出家难！阻人出家易！若无多人出家，三宝如何住世？况今无佛住世，弘扬佛法就全赖僧宝担荷，哪能不称赞出家之功德？否则岂非魔子魔孙！

一般说来，人的根性有三种：上等根性的，出家修行或在家修行都可以，这种根性的人，如维摩诘居士，在家修行也能修得很好，若能出家修当然是更好的。中等根性的，那就出家修行好，在家修行就不行了。因为这种根性的人，需要有清净的环境，他才能清净；若在染污的环境，就无法把持了，所谓"近朱者赤，近墨者黑"。像我们现在末法时代的众生根性，大都是中等的根性，所以最好都能发心出家，仗三宝功德较易修。至于下等的人，就用不着出家了，出家也不会修得好；那倒不如在家做个居士，好好勉力修还可以，免得出家反而败坏佛门。我们印光祖师叫人不要出家，就是针对这种下等的根性说的。若有真儒之士，大丈夫之辈来发心出家，那我们是最为欢迎的啊！

再说，如果在家修行与出家修行一样，诸位你们就在家打七就好了，也不用到灵岩山寺来了，在家也是一样嘛！何必要来山呢？所以不要人家讲什么就信以为真；自己在脑中要转转，什么话都要三思而后再行，善的当然是依从，不善的要摒之。

虽说有上中下三根，但千万不可自暴自弃，自认是下根，想在家修行就好了，怕出家修不好反而招罪过。如果你是这么想，那真是朽木不可雕也，是自己在慢性自杀了。语云"将相本无种，男儿当自强"呀！要做个上根的人，做个顶天立地的人，想别人能做到我为何做不到呢？人家吃饭我不也一样吃饭？要立志啊！人不立志太没出息了。

刚才说男儿当自强，那么女人就不用自强了吗？要知男女那只是一个差别相，本性都是平等的；千万不可以为女人就是软弱无能的，女中不也有丈夫吗？要鼓起丈夫气概来。且看阿弥陀佛第三十五愿："设我得佛，十方无量不可思议诸佛世界，其有女人，闻我名字，欢喜信乐，发菩提心，厌恶女身，寿终之后，复为女像者，不取正觉。"你看阿弥陀佛大慈悲，特别为女人发了一条愿，他怕很多女性也是犯了这种慢性自杀的病，自认女性好可怜，业障深重。不可以这样想的！自尊自贵固然不可以，自轻自贱也是要不得，不要贬薄自己。

不要在家里和丈夫吵架声劲大得很，一到了大事临头，就自认我是个女人没有用。可不要这样颠倒了。

关于出家有没有资格受人礼拜、供养？这要知道，出家决定要受戒并守戒的，受戒就内有戒德庄严，外有袈裟着身；只要你袈裟披身一现僧相，这就不但能受人来礼拜，连天人来礼拜你都受得起。因为你有一个僧相就堪受人天之礼拜，至于你有没有修行那是自有你的因果。你想想看！佛堂内的那尊佛像是木雕的，外面镀上金，好像披上袈裟，虽是木头雕的，但有此形相都能受人礼拜；你堂堂的一位僧宝，受了戒法，还不能受人礼拜吗？让人家礼拜是给人家种福，这是功德。袈裟又叫福田衣，有人对你布施，你受人家的供养，他布施于你，他今生或转世就能安乐自在，这是因缘果报法。至于你出家后，修行不修行，那全是你自己的事，是你自己的果报。若现了僧相而不受人礼拜，不受人供养，这是犯不乞食戒的。当然，出家人生活之需全赖信众供养，若不精进修行，生死不了，那今世天神不拥护，转生还要堕落，那就太苦、太可怜了。当然，若是修行有功、道业成就，那就真是为无量众生的良福田。但愿人人修行，个个成佛，不可再阻人出家。

出了家自以为没有修行，不受人供养，要自耕自食，这是不如法的。是谁叫你自耕自食呢？不可以的。依佛制是要托钵，但我们中国僧不托钵，而是在斋堂吃饭，这一样是受人家的供养。这些道理要明白，不要把道理弄反了，还自以为是。即使你是一个有钱的大居士、有百千万财产的大富翁，你要出家时，家中的财产也都要施舍的；你不能留一部分，说要留着自己修行用，建个茅棚，不要受人供养。错了！比丘身份哪能蓄积钱财呀？穿了福田衣就是福田僧，现了僧相就是良福田；你不给人家供养，怎么能令人家得福？人家得不到你的福，就如你有良田不给人下种子一样，如此哪会有丰硕的收获呢？哪里会有福报呢？出家人在因地受人的供养，将来证罗汉果，果报就是应供——应受天人的供养。比丘受人的供养，将来证果就有了天福；若不受人供养，没有天福，就算你证了罗汉果，托钵都托不到，饥饿是好苦的啊！

出家沙门又称比丘，比丘是梵语，具有乞士、怖魔、破恶三种意义。乞士，就是要托钵。在我们中国因国情、风俗、环境的差异而不出去托钵，人家是送到常住来，这也是受人家的供养。要知因中乞食，果上才能感得受天人之供养。怖魔，在受戒的时候，三番羯磨："人间有某某出家了。"天上的魔宫就震动，魔王就会害怕；因出家就是要出离三界，有人出家，他的魔子魔孙就会少了，所以魔王就会感到恐怖。破恶，因比丘持戒能破心中的种种烦恼恶业。身为出家人，要知道"比丘"的意义。

那么做居士的供养时，要不要分别这个师父有没有修行，才来供养呢？"有修行就供养他；没修行就不要养他了"，若有这种分别心，就算你供养到菩萨、供养到佛，那样功德还是很小的，因为你有分别心。若能无分别心地供养，"修行不修行是他的事，我一律平等供养"，能平等供养福德是很大的。佛陀明明白白地告诉我们，无相而布施，功德和供养佛是一样的，所以你们要会平等供养。

供养主要是在求福，所以不用去分别。但假如你是要请开示求智慧，那当然就不同。他要是不会讲，不明道理的，你就不必请问他；要问，当然就要请问过来人、有修行的人、有正知正见的人。不好的就敬而远之，因为他既无慧，行为又不好，若跟着他，会学坏的。犹世间人并不是每个都是好的，以我们自己家里的父亲、老祖父等长辈们来说，好的，我们就要学；不好的当然就不能学。但不管他们如何的不对，他们总是你的长辈，对他们还是要尊敬的。不过他讲的话你不能听就是了，他们的坏行为你也千万不能够学的。世俗的儒者都知对"长上"的礼，不可违逆犯上，即使父母有过失，也应婉言劝谏，不能当面数落。若父母不接受，那么只能将其不明理的地方放在自己心中愁忧。同样地，我们在家佛弟子对"僧宝"也不能失了恭敬，虽然有些出家师父，其言行确实是不值得亲近，你或可抱持恭敬的心私下劝谏，但绝不可随便批评。学佛是要修慧培福的，切莫在三宝门中造口业。慎之！慎之！

说到顶礼，不仅比丘能受得起人顶礼，就是小沙弥也一样堪受顶礼。佛陀说："三小不可轻：沙弥虽小不可轻，王子虽小不可轻，龙子虽小不可轻。"沙弥虽然小，但未来是大比丘，能住持佛法，宏范三界；王子虽小，坠地贵压群臣，大臣一样地要三拜九叩首；不要看龙子小，他大时就能呼风唤雨。所以对沙弥也一样要恭敬，不可看轻。刚才说居士要恭敬三宝，其实出家人对居士也是不可轻视的，居士们头发一落，那不也是出家人了吗？未来也是会成佛道的呢！

僧宝是住持佛法，居士要护持佛法；有住持佛法的僧宝，却没有护持的居士也不行。所以佛陀临涅槃的时候，特别交代国王大臣要护持三宝。在家的居士要护持三宝，怎样护持三宝呢？现在三宝之中出家人——僧宝，太少太少了！僧宝从哪里来呢？是从虔诚的佛教徒家中来，你们家中要是有两个令郎，就拣一个好的，送他来出家做小和尚，那你们就是真正地护法了。记住！要拣个好的呀！你不要拣那个蠢蠢的，脑筋错乱的，若送他来做小和尚，那佛教就倒霉了，也害世人无求福求慧的机缘。拣个好的，那他将来做大法师，才能够度众生。诸位啊！这也是大布施、大供养呢！

# 6 过堂开示

修戒恭录（一九八九年九月十二日午斋）

今天上午有位中兴大学研究所的研究生来问我许多问题，就是在座的游居士。目前台湾各大学都有佛学社团的成立，大多数有善根的学生对佛学很有兴趣研究；有些不但求知，还能依佛法来行。所以每逢寒暑假，都有各种活动；像佛学讲座、斋戒学会、佛七等，其中不单是大学生会参加，还有教师甚至儿童等，可以说从高等知识分子到儿童都有。

儿童虽不解佛学道理，可是他能依着佛法来行，究竟他们得的利益大呢，还是光研究佛学的那些大学教授、博士得的利益大？以下我对这个问题分别比较一下。

## 修行要解行并进福慧二严不可缺一

各处寒暑假的佛学讲座，研究佛法的道理，那是

"佛学"；儿童由父母陪他到寺院打佛七、观音七，念"阿弥陀佛""观世音菩萨"，这就是"学佛"。

佛学、学佛，这两种到底都需要，要并重、双管齐下，不能只要单独一样；如研究佛学就不必再学佛，或学佛就不必再研究，这都不合乎中道。

依正常道理来说，应该要有解有行。你不解，怎么知道如何行？所以先要有解而后有行。但人的根性不同，有的人只研究佛理，若叫他实行——念佛、拜佛、参禅，他就做不到。为什么做不到？他的善根福德缺少。

单研究佛学，虽有慧根，但没有行，虽有智慧，但事实上得不到真实的利益，那慧是干枯之慧。好像一个人，学问是有，天文、地理、人事他都明白，可是他的一生孤苦，又生活潦倒；或虽有家庭，但儿女、太太也都要跟着受苦。为什么？他没有福，所以生活很苦。

反过来说，有的人虽是有福，生活经济很富裕，过得安乐、自在，但是却没有智慧。一个人有福没有智慧，对事理就不能透彻明了。由此可知，单有福或单有慧都不好，有福有慧，事理才能通达，所以应该要修福修慧。

要有福有慧，那么就要研究佛学，还要依着佛法来行持，这就能"福慧二严"。二者要并行、均匀、平等，不可一大一小。就像车的两轮要一样大；若一大一小，那车子怎能开？勉强开只有打转，不能直行向前进啊！

没有解佛学的道理，就像一个瞎子没有眼，虽有两条腿而不能行动，一走路没人引导，就会堕入沟坑。反过来说，虽有一对好眼而没有两条腿，又如何返家？所以一定要解行并进，目足双运，前程才能看得明白，行得稳妥。

## 若只研究佛学不如老实念佛

有福有慧，二者均匀，当然很好，但世间之事有很多不是那样理想。假使这二者不能相提并进，如有慧没有福，就像有些教授及大学生，只是研究佛学，连最基本的三皈五戒都不受持，一句佛号都不念，甚至人格都成问题，那就不如小学生、阿公阿婆、愚夫愚妇那样，能受人指教，老实念佛；虽然什么道理也不懂，就只会念"南无阿弥陀佛"，那这个就得真实受用，比那教授、博士还好。

如果这些博士、教授能知佛法，又能依佛法修行，解行并进，研究一分佛学，就行一分，这就是福慧二圆，那当然是好上加好啦！

## 佛陀福慧两足尊

为什么佛陀又有"两足尊"之称呢？这有什么功德？

大家一定要明白。告诉大家！佛陀具有福慧两种圆满，所以称"福慧两足尊"，"足"者，圆满也。每尊佛一定要在菩萨因地中，把福、慧都修得圆满，不圆满不能成佛。

这个福慧要在哪里修？还是在利益众生身上，舍了众生，佛陀还是无法修福修慧。千万众生愚痴没智慧，就开他的智慧，讲道理给他听，这是修慧因；无量众生苦恼无福，就施舍解他的苦，令他乐，这就是修福的因。所谓"世尊"，佛陀有什么值得被世人尊敬？他的福慧两种圆满了；他的福慧二严不是为了给自己享受，是为一切众生而成就的，因此为一切世间所尊重。

佛陀为什么想修福慧呢？就是有"大悲心"，有"慈爱心"——予众生乐、拔众生苦。那么要凭什么才能拔苦、予乐呢？就是要有福有慧，方能普济众生。

## 愚痴执着难达彼岸

如果没有慧怎么去化度愚痴的人？佛法讲愚痴，不是世俗人讲的那种愚痴：不会吃饭、穿衣服，甚至将大便当饭；那是疯子，颠倒了。佛法讲的愚痴，是因果事理不明白、只知一不知二、知事不知理的人。这种人不是不会吃饭，其实他也会吃、也会享受、也会巧辩，不过他辩的不是真理，他是非理而辩——强辩，或者得了一分理，就抹杀了一切，这都是叫愚痴。

愚痴之人处处执着，执着小的是苦，执着大的也是苦；执着恶的固然是苦，执着善的也是苦。世间人在做功德时，是不是善呢？善当然是好，但善中还有善，大善中还有无限量的善，这就要有智慧才能明白，千万不要只执着小善而忘记了大善、无限量的善。奈何可怜众生只执世间一点小善，而不修出世间大善。要知一起执着就会产生障碍，犹开船而不拔锚就不能到彼岸；我们不将执着放舍又怎能遍证法界真空呢？

一个没有智慧的人，你同他讲，那就如同世间的"隔行如隔山"；各人观点不同，他执着他的井蛙之见，而不能明白智者洞澈高远的见地；既然不能接受，那就永远做个苦恼的众生！

## 一句弥陀具足无量光寿

为什么要念"南无阿弥陀佛"呢？小学生、愚夫愚妇他们念佛得什么真实受用呢？大家要明白，每尊佛陀都各有圣号，就像人各有名字一样。那么佛陀的为什么称"圣号"呢？因为他有圣德。每尊佛都按他的德号来称呼，就像本师"释迦"世尊，释迦是印度话，中国话就是"能仁"之意，仁者，慈悲也，就是他能慈悲度化众生。

那"阿弥陀佛"其义如何呢？也是印度话，译成中国话是"无量光""无量寿"。一句弥陀圣号含藏着无量光、无量寿这种德行在里头，这是阿弥陀佛经过无量亿劫，大慈大悲修行福慧、四摄六度等种种功德庄严所成。

我们念阿弥陀佛就能得到无量光、无量寿，就好像母亲怀中的婴孩，虽然婴孩不懂母乳有什么维他命、营养成分，可是只要在怀中能安安乐乐，不要哭、不要叫，在怀里吃，在怀里睡，自自然然就会长得白白胖胖，一岁岁地长大，一年年地增智慧，乃至成人报效国家。

我们众生，虽然不懂阿弥陀佛有何功德，但只要你念佛就像婴儿吃母乳一样，即能得到阿弥陀佛的种种功德、智慧。就好像多种维他命结合浓缩在一起，不论你缺哪一种营养，只要你吃这多种维他命，就能吸收到那一种营养。又弥陀圣号的功德如同电源、水源，想要光明时，只要插上电源，转动开关，不就有光明了吗？需要水时，只要接上水源，将龙头一转，水就来了。事实的道理就是这个样子！所以虽不知佛功德之不可思议，只要我们念佛，弥陀智慧之光、功德之水自然就会加临到我们身上。

再进一步来说，为什么称念阿弥陀佛圣号，我们就能业障消除呢？的确凭着这句佛号即可消业障，因为弥陀圣号之功德充遍法界能长养念佛人的法身，如同空气可滋养我们的色身。现在营养学家发现，人不吃饭、不喝水还不会马上就死，但一没有空气一定即刻就死；其实空气具足一切营养，风一吹来，风中也具足一切营养，我们身体各毛孔都能吸收到那些养分。同样地，我们念阿弥陀佛，也能具足弥陀的一切功德，使业障消除。

理不易明白，要拿事相来比喻才能明白，这就是以易知解难知，以上念佛的道理，诸位明白了吗？希望大家都能开智慧。

## 一则担麻弃金的故事

对这位还就读于兴大研究所的同学，我现在以佛法中一则"担麻弃金"的故事来劝勉你，并请诸位注意听！

担麻弃金的故事是讲有两个贫穷的人，因为没钱，两人就带少许的干粮上山找宝去。找了三五天也没找到，但干粮已用完了，只好寻回头路回去。一上路没多久就看到路上有麻，这麻是可织成布匹的麻，两人很高兴地想，若担回去卖也能赚钱，于是尽量地担，能担十斤就担十斤，能担百斤就担百斤。

两人担麻继续朝回头路走，走了一天，忽然在路上看到了布。这两人中有智慧的就把麻丢掉而担布，另一人则说："这麻已担了一天，可以拿回去卖，你现在丢掉不是太可惜了吗？"聪明的人告诉他："麻还要织成布才能做衣，现在有了布是最好了，还担麻做什么！"但愚者还是要担麻。

这一担又是一天，到第三天，喔！看到金子了——黄金。这聪明的人就又把布丢掉改担金子；而担麻的还是执着那麻："麻已担二天了，现在要把它丢掉，太可惜了！"他还是要担麻，这就叫"担麻弃金"；金子不要，布也不要，要麻。事实上有了金子，生活就可以改善了，房子、衣服等都有了，但他就是不听聪明人的话。

那个担金子的回去后，因为有了金子就发财成了富翁，生活富裕；那担麻的回去，太太就说："你怎么这么蠢啊！你和某人一起去，怎么他担金子回来，你就担麻回来？难道你没看到金子啊？"他说："不是啊！金子很多呢！但我担麻，舍不得放啊！""哎呀！你怎么这么蠢！"小孩子也说："爸爸！你蠢到这样子，累得我们要跟着你受苦啊！"最后太太、儿子都被这担麻的愚人给气走了。

世间上有没有这样的人呢？有啊！因有这样愚蠢的人，所以有这样的故事。又如一种人，明知学佛虽好，但他总认为我已学道多年了，现在改学佛不好意思啊！

为了不好意思而舍正法，对这样愚蠢的人，又有什么可沟通的呢？

## 智者担金弃麻研究佛学

讲到这里，我有几句话想告诉这位研究生：台湾目前有不少高等知识青年，但我到台湾这么多年，就只有你一个研究生来问我这么多问题。你既然这么聪明，又受高等教育，对佛法的行持也很好，但我现在以良心来奉劝你两句话：你千万不要和"担麻弃金"的人一样，你应该要"担金弃麻"。这句话怎么讲？就是希望你好好研究佛学。

古人说过："自从一读《楞严》后，不读人间糠秕书。"人间的学问皆是不究竟的有漏法，不如真实、究竟的佛法。尤其我们人命无常，光阴最宝贵；我们能不能活一百岁？如果能活一百岁，那你现在还是青年；假如你寿命只有三十岁，那你现在虽是青年，实已老年了。佛法告诉我们"人命无常"，要把握今生，时间一过，寿命随逝，精神也没有了。等你研究世俗学完成，到那时候才要研究佛学，精神没了，迟了啊！

你研究世间学顶多是利益自他吃得好、穿得好、讲究好的。其实只要你有福报，虽没有学问，也能生活得很好；你若没有福报，就算是博士，说不定还会饿死！唯有研究佛法，修学佛法，才能得最究竟的学问——圆满福慧。

## 研究佛学自尊人尊

你现在读研究所的这些学问都是你的教授们所知道的；然你研究的佛学是超世之学，他们不知道而你知道，那你不就是比他们高贵、更能受人尊敬？你何不把宝贵的时间与精神用来研究佛学？将来在国学界、在各研究所开讲哲学的时候，你就讲佛学。"佛学是哲学之母"，这是国父所说的，一定要明白佛学，世间的哲学才能透彻，才能助长人生，开佛知见，得究竟解脱！

我们不必单讲"自从一读《楞严》后"，应当说："自从一读佛学后，不读人间糠秕书。"人间的学问同佛学比起来，那就成了小巫了。

我说这些话都是良心实语，并不是偏赞佛学而轻慢世学；其实世学，在世间自有它的尊贵，我亦很尊敬，也时常赞扬，教人学习奉行孔孟之道。所谓：应依何法得度者，即赞何法耳。世间法虽不能了生死，但在未了生死之前，还是不能少了人间之善法。

# 研究佛学了生死

你研究佛学才能了生死，才是无漏之法；世间学是有为有漏之法，不究竟的。我们要找最究竟的，要找真理，亦即要修第一义谛！不要修第二义谛，那第二义谛一切都是虚妄空幻假有的。

世间一切的学问皆头痛医头、脚痛医脚，能帮人治病，但不能令人不要害病。医生帮你医病，但是医不了自己；即使他的父母也一样终归会死，没法使他们不死。既然有生必有死，那么能不能使人不要死呢？要想不死，那只有研究佛学，佛学就是不死之药，我们只要肯服此药，依佛法修学，就能使我们得寿；念"阿弥陀佛"，就能得无量光、无量寿。这不是天方夜谭，这是事实！不过业力不可思议，业障重的人就是不肯相信，如同瞎子就是看不到太阳光，哪有什么办法？甚至他连手臂也麻痹了，摸也摸不到，那就无话可说。

说到这地方，你们千万不要像无知之人一样地问："那么你学了佛，是不是就不会生病，能活一千岁啊？"你这样问，那你对佛法的真理一点都不明白，我老和尚也没时间同你辩。要知，父母所生之身这是肉体，经上告诉我们：国土危脆，人命无常。人命不可能活一千、一万岁；有三岁、五岁就死的，甚至短命的在母亲肚内就死了！成佛不是这个肉身成的啊！

阿弥陀佛是"无量光无量寿"，我们成佛也是得无量的光寿，这无量光寿是指第一义谛，就是讲我们的法身、空性，即世俗所谓的灵魂。佛法讲的空是灵性，具足一切无量的真理；不是凡夫的顽空，把空认为是一无所有。真正的第一义谛，这哪是睡七情床、盖六欲被的凡夫所能知道的？做梦！连梦都梦不到！所做的无非都是颠倒的梦！研究佛学一定要抓住佛法的精华，依此来修，才能除病。

希望你们大开智慧，广修福德，听老和尚的话，修学佛法；若没智慧，又无福报，我们谈不上去，那我对你也没办法了，犹如天雨不活无根之草。

## 世间情爱苦之根源

说到世间人真是可怜啊！经上告诉我们，父子、母女、夫妇好起来时是亲人，你爱我、我爱你；一到名利交关时，哪还有什么父子、母子之情？什么夫妇之爱？儿子都成了陌生人，甚至反目成仇，儿子也会杀父，这倒非现代才有，古来就有无数的例子。你看佛经上载，小王把老王杀掉，抢老王的位子，他要做大皇帝！这不只一个两个，是成千成万啊！而虽逞得一时强，可是将来的报应如何呢？佛经上也讲，一旦受果报时，是几千几万劫沉沦三途啊！看看这人世间真是太可怜了，这都是由于不明因果报应之理所造成的。

父母对儿女要慈，儿女对父母要孝，能慈能孝就好，到不慈不孝时，怎么样呢？还不是冤家、敌人。世间人啊！"不见棺材不掉泪"，往往要到受报、受苦时才清醒，到那时候，迟了！流泪也没有用，还是得承受业报了。

苦从哪里来？情情爱爱、恩恩怨怨就是苦。情而不知礼，爱而不知羞；你对我的情爱不满意，还要求加深，再加深仍不知足。情之深、爱之深，到破裂斗争的时候，怨也深，业障就障住了。看世间许许多多的男女，"你今天说要同我订婚，明天竟是同别人结婚了，你把我甩了！我能同你拼就同你拼，拼不过，我就跳楼、自杀！"世间就是这样子，太冤枉了，活生生的例子摆在眼前，你难道未见过吗？

## 善恶果报无人情

"菩萨畏因，众生怕果"。我们大觉世尊为什么要舍王位，皇帝不做，不听父母的话，自己去出家，还跑到雪山修苦行，后来又把他父王唯一的宝贝王孙——罗睺罗也带去出家？以我们凡夫的眼光来看：这哪是"大觉"世尊？是"大愚"呀！自己出家，还把小孩子也带去，真是太愚蠢了！

究竟是众生愚痴呢，还是大觉世尊无知呢？你说："他哪有大智慧？他最愚蠢了。天下最聪明的人就是我！"这就请你自己想想，随你自己的良心发现良知吧！

人啊！就是造业！说自己是好心做好事、行善事。说是好心却做坏事，是好心却做愚蠢的事情，你看冤枉不冤枉！这些人就是因为没智慧，以"我执"做善事；别人告诉他："你行的是伪善、小善，还有真善、大善！"他就是听不进去，那又有什么可言？

要知造什么恶业感什么恶果，造什么善因感什么善果；即若父子、母女，各人因果还是不同，所感业报自有差异。虽然法律是依人情而立，但法律判断是没有人情的；一旦造了恶时，因果是丝毫不讲情感的，到时候一定要受报！

## 弥陀圣号普济一切离苦得乐

我现在请大家跟我念三声佛号，愿消除世间一切众生的愚蠢，得正智慧，解除一切痛苦——"南无阿弥陀佛""南无阿弥陀佛""南无阿弥陀佛""心即佛，佛即心"
"心佛一如，生佛平等"。

（转载自《大光明杂志》）

# 7　佛七中开示

修成恭录

## 舍小智、小仁、小勇

　　大家都知道佛法难闻、难遇，闻到佛法能修行也很难。在无量人中，诸位总算有幸闻到佛法，也有信心来山修行，但修行时有没有拿出大智、大勇来呢？若没有拿出大智、大勇，想修行也修不好的啊！

　　各位来到灵岩山参加佛七，要发勇猛精进的心，不勇猛精进如何能对治无始以来的懈怠习气呢？那是骗自己啊！如果你不放弃小智、小仁、小勇是没资格学佛的，佛陀具有大雄、大力、大慈悲，"虎父膝下无犬子"，为佛弟子就要像佛的样，要做个像样的佛弟子。

　　"心即佛，佛即心"，在理体上，我们与佛的体性是平等一如的，但在事相上，佛有无量无边的功德，我们却有无量无边的罪障；佛是安住在常寂光中，而我们却还在六道轮回之中打转。说起来，真是可羞可耻！

说到小智就是世智辩聪——世间智、小聪明，要小聪明就是自私自利，凡事只为自己的利益着想，不管他人是否吃亏；即使是至亲的父母在遇到利害相冲突时，也好不了多少，往往也是翻脸无情，父母是父母，你是你。世间当然也有孝子贤孙，但一般说来，小智的人还是多。

提到小仁，就像平常时朋友之间的感情还算是好的，但一遇到要分判谁是谁非时，常觉得己方是对的，对方是错的，不分青红皂白就跟对方翻脸，为己方强辩，不顾对方的大众尊严，这就是一种小仁。

至于小勇呢？一般人为名利、为人我是非，跟别人争得头破血流在所不惜，这只能算是匹夫之勇。真正需要为国家、为民族的利益奋斗时，有没有这分勇敢去做呢？

就以作战来说，平时军人受国家的栽培，俗云："养兵千日，用在一时。"一旦真有了外敌，就应捍卫国家，然有些人到了战场，因怕死就临阵脱逃了。在真正需提起大勇来为国尽忠时，却看到敌人就跑，这怎能保卫国家呢？以前中日八年抗战，他强我弱，如果我方的将领都这般怯弱，国家不灭亡才怪！还好，幸有很多将领都具有为国牺牲奉献的精神，又全国军民一条心，就这样战胜了日本。他们都是抱着不成功便成仁的大勇来作战，才使国家转危为安。学佛人也要具大仁、大勇，才能降伏三毒烦恼，战胜五阴魔敌！

大家学佛、念佛，为什么学不好，念得苦苦恼恼的？就是用凡情——小智、小仁、小勇去学，这怎么能学得自在、念得快乐？又如何能得到真实的利益？佛法是超世间，也是救世间的，但就是不能用凡情；出世间法与人间法可说是南辕北辙，人间法才用凡情。所以，学佛首先要舍凡情；大家来山打七，就是学习舍凡情，改坏习性，要把小姐、少爷的脾气，太太、先生的娇嗔或霸道种种习惯都转变过来。

## 依法不依人，依智不依识

学佛要舍凡情用圣智，举例来说，"天下没有不是的父母"，世间儿女要无条件地听父母的话，这是常理。平时做儿女的听话是不错的，但遇到国家生死存亡的时候，听父母的话就有问题了。打仗是不会找阿公、阿婆或小孩子的，而是专挑一些年轻力壮、有智慧的人。这时为人父母的，哪一个愿意要自己的子女去上战场？上战场，死亡率高，纵不被打死也是很危险的。如果每一个人都听从父母的话，不去作战，国家能生存吗？"覆巢之下没有完卵"，没有国家的保护，哪有家庭的幸福可言？父母又哪能坐在家中过得安乐啊！

国难当头敌人来侵，就要"兵来将挡，水来土掩"；自己要像铜墙铁柱般地去迎击，国家才有生存的可能。唯有前方舍命地抗战，后方千万的人民才能安全地生活。

在生死交关的时候，大家要拿出大智、大勇。忠孝若不能两全，为顾全国运大局，那就绝对不能顺着亲心，甚至要大义灭亲啊！但如果做儿女的不听父母的话乖乖学好，而去做太保太妹，那就实在对不起自己，更对不起父母了。

父母的智慧也是有限的，但他们却又惯以长辈的身份说："我吃的盐比你吃的饭多，知道的事情比你多。"然而有些事情做父母的着实没有比儿女们知道得清楚呢！

佛法中讲依法不依人，依智不依识，大家要把事情的邪正、轻重分清，不是糊糊涂涂、不明是非，一味地听话。

诸位到山上来念佛、学佛、皈依，这些事要不要禀告父母、听父母的话？若父母没信仰，一听了往往会说："人只要心好就好，干吗要吃素、念佛？""信佛是迷信！"等等。你想来山打七他们不准，见你有出世之志更是舍不得。现在我们认识了佛法真理，是要依真理来做而永脱痛苦，还是依人情听父母的话而永脱不了六道轮回呢？这地方若听了父母的话，父母便误害了你；其实你也误害了父母啊，使其造了障你道心的罪过。

不依真理，自己尚且不能自度，如何能度脱父母？诸位青年，要运用智慧、运用慈悲，要慈悲家中苦恼的父母，自求了脱，来日才能度父母离苦得乐。不仅今世的父母，还有多生多劫的父母、兄弟、姊妹及一切众生，都等着你去度脱啊！要有"舍我其谁"的大智、大勇，要舍凡情；若舍不得，纵使打一百个佛七也没有什么大用。

## 出家的抉择

诸位已经闻到佛法也信了佛法，就要进一步发大心出家才对呀！不要与难得闻遇的佛法失之交臂了。或有人心想：老和尚不明世间法，叫人出家，若都出家岂不人间要绝种了吗？请您不要误会，不要以世俗之心来测度，我是为佛教、为众生、为世界和平而来做这番鼓励的。如果大家都出家了，那么这世界的众生都会变成莲花化生，当下的娑婆就是清净的佛国，哪里还要求生西方净土？众生修清净的梵行是因，清净因必定感清净果，所感的国土必也是清净的。若不离情欲，何日了脱胎生之苦!

有很多人想要出家，却总觉得父母不允许，这样做对不起父母。父母现在或许不允许，但只要我们信佛、学佛，将功德回向，慢慢地父母的心意也会转变的。有很多做父母的本来不信佛，子女学佛，并发心来灵岩山寺出家，起初也很反对，但后来也信佛受了化度。初上来正是佛魔交战的时候，自己态度要坚决，对的、应该做的事就勇敢去做。

为人父母的，假如将子女留在身边，等到他们结婚后，儿子娶了媳妇就是媳妇的，不再是你的；女儿嫁了出去也是别人的，不是你的；如果来山出家，你随时想来看都可以见面的。出家的儿女永不会忘记父母，所修的功德都为你回向啊！

诸位心里不要想：老和尚都鼓励人家出家，我下次上山来，不要把子女带来，万一被老和尚留住就惨了！这是没智慧的想法。应该要想：我的儿子不错，有智慧，心地也善良，六根明利，最好能来这儿出家。如果家中有两个儿子，不要选坏的送来，那样会害了佛教；应当选一个好的，那就于国家于佛教都有利益。

其实信佛人人可以，然出家就不是人人可为的；就像当兵也要经过挑选，所以入伍前有体格检查，受训时也要看头脑灵不灵敏，不合乎标准的就淘汰。学佛的人如果内心都没有正知正见，只有外道偏邪的见解，那样是不可以出家的；即使已来山出家，如果不守出家的规矩，也是要赶走的。

至于老菩萨，就好好念佛求生西方，这比出现在世俗的凡夫家好；出三界家，到阿弥陀佛的国土，也比出现在的凡夫家容易。

## 十年树木百年树人

国家需要青年，青年要经过栽培才能成为人才，就如军人要受正规的军训教育，还要有新的武器装备，否则怎能迎敌？佛教当然也需要僧宝，僧宝最好来自青年或童年，因为从小、年轻时就开始训练，如同科班出身，较容易有成就。

俗语云："十年树木，百年树人。"世间人要想成就功名，都要经过一二十年的学道进德，更何况要做个人天师？没有三四十年的净戒德行庄严，如何能成为善知识，住持佛法、广度众生？不要说是去度众生，能不反被众生度走就很好了；这就如同军人，没有经过军训，也没有武器装备就上战场，美其名曰是去打仗抗敌，其实是去送死。自己送死还是小事，把国家都弄垮了那才糟糕！

## 出家人尽世间孝

现代这忙碌的社会，往往父母年老有了病，纵有儿女也是没法好好照顾，这不是儿女不孝顺，而是他们都各有家庭、事业。父母病痛，短期还可以照料，若长期就不可能一直待在身边看护，这就是所谓："久病床前无孝子。"

出了家的儿女，对这点要如何做呢？佛陀告诉我们，父母有病就要回去看望，甚至父母生活经济有困难，出家托钵乞食所得也可供养父母；如果是常住的食物就不能供养父母，那是僧众的。佛家不仅讲出世间孝，同时也兼顾世间孝的，如家中没其他的兄弟姊妹可照料，在此情形下，也要尽这份孝养的。

来住山的人想告假回去，除非是父母有病，或是父母临终，这些大事纵使你没请假，常住也会要你回去处理的，其他小事情是没假可告的，若住不下来，就下山去好了！告假来来去去把别人的心都带乱了，以前有方便，随时可告假，结果一开方便就趋下流了。如果没有告假就私自下山，只有一条路可走——遣单（不许在山上住）。

# 自是有家归便得

　　大家口中念阿弥陀佛、阿弥陀佛……就像在跑步，每一步都是向着西方的路上跑。往生西方不难，弥陀净土是自己的家，回到自己家中有什么困难的？就像社会上的太保太妹在外面混，父母对他们不会放弃，在父母心中没有一个子女是绝对坏的。父母天天巴望儿女能够回来，如果他们不想回家，巴望又有什么用？阿弥陀佛大慈大悲，比世间父母的慈爱不知胜过多少倍！纵使造了杀盗淫，甚至五逆罪的恶人，只要肯回头改过，阿弥陀佛一定来接引，因为众生本来就都是佛陀的儿子啊！

　　诸位发心菩萨！只要你们有信愿要回西方去，都可以回去的。你问我保不保险？绝对保险！大家放一百二十个心。如来是真语者、实语者，我是照如来的意旨说，不是按照我自己心里想的。佛陀告诉我们：只要称名、生信、发愿，决定往生，大家不要怀疑。佛陀亦云："慎勿生疑念，要断疑生信。"大家对佛语一定要相信。

　　修行是否能成就，就看我们有没有发心要自度，并度多世父母及累劫师长。大家发菩提心，以这种广大菩提心的功德回向就能生西方；受八关斋戒的功德回向能生，受五戒的功德回向也能生，更何况大家在此念佛用功求愿往生，哪有不生西方的道理呢？

念到一心，生西方品位高，是中、上品；散乱持名未得一心是下品。只要是生到西方，纵使在下品也是很好的；所以我常说："宁可西方下品下下生，不做人间上上人。"天上之乐尚且比不上西方下品下下生，更何况是人间上上人！什么是人间上上人呢？是大总统、大皇帝、一品夫人吗？不是的，是指人间圣贤君子之辈。

西方之家易到，只要恭敬至诚地称名发愿往生，决定去得了，是万修万人去，大家要信心坚固求生西方。如果心想：西方虽好，人间也不错，可以享受享受……当然就无法去西方。这就像一艘往西方的船，已经发动了马达，却没有将锚拿起，这艘船还是开不走。所以，不要问佛法灵不灵，要问自己诚不诚，有没有做到、修到，只要在因地上好好下功夫，都是"功不唐捐"的。记着，人间情欲不除，往生不易！

## 分层用功

有些莲友来山打七觉得很苦，三点前就要起床，规矩很多也很严就怕迟到了。山上虽然规矩严，但在执行上还不够彻底，就是顾虑到这类莲友，怕太严格阻挡了他们学佛之路；所以目前的规矩有弹性，但这是不得已的方便。

等观音殿修建好了，打七的莲友就可分成两等级。初发心的在念佛堂用功，规矩较松；已经对佛法有认识想要精进的，就在观音殿上层的华严殿共修，接受等同出家人的训练，做不好，不仅要骂，甚至要打的。现代人根性下劣，果真要修行得好，往往是"不打不成器"的，对各位客气没有用，一两个七打下来都不见有进步。

今天是佛七第六天，总算大家往昔有种善根，来山用功虽有很多不习惯，也都能忍受下来，勇猛不退。这在菩提道上是快步飞驰增上一程，要成就佛道也就可期了。预祝诸位道业成就！

# 8　佛七开示

修戒、修见敬记（第一天至第七天）

## 第一天　山溪日夜流声静　佛号法水涤尘心

### 皇天不负苦心人

　　我们灵岩山寺打佛七，从第一周年到第二周年这样每月打下来，到底功不唐捐，德不虚弃；今天佛七才第一日，大家念佛已念得很好，犍槌打得也可以。回想以前打佛七，打了三四天，甚至圆满了还是念不好，犍亦是打不好。犍应该要打得像刚才这样的速度，定定的，稳稳的，不能再快了，太快就显得有点急，太重心也烦躁；犍槌要打得不轻也不重，大家要念得声音适中，不高也不低，唱念好像山溪静静地在长流。这样不但念得身心安静，而且能使业障消除，福慧增长；若能长期无间，哪有道业不成就的呢！

用功要怎样用？就照以上所说的用，再假以时日就是了，所以功夫是要有时间性的。所谓"皇天不负苦心人"，什么因感什么果，第一天佛七就打得这么好，这些都是大家功夫累积的成效。大家就照这样做下去就好了，老老实实的，身心静下来好好用功；最怕的是不老实、不至诚！

## 佛法须从恭敬求

佛法感应是从恭敬中求得的，所谓"诚于中，形于外"，内心虔诚，外形自然就会恭敬。上来大家都合掌听开示，合掌是表示你们有恭敬虔诚的心，这是发自内心的一种自然表现，甚至不叫他合掌，自己也会合掌；不叫他跪，自然也会跪下来。不合掌是欠恭敬的，若合掌觉得辛苦的就暂且放下。我们现不严厉要求一定合掌，但总要以至诚的心来念：口出声、耳来听、心口耳一致；默念时，虽不用口，但仍要心静念，耳静听，心耳一致。时间久了，身心安然，合掌就不会辛苦了。

合掌现前是可以方便一点，但大家坐下来一定要盘腿，最低限度也要单盘。为什么？腿的功力不到，心的功夫也就不能相应；你心的功夫还没有到安下的时候，腿就疼得很难受，那心又怎么静下来呢？所以一定要盘腿，决不能方便。忍一时之痛，千秋自在，怎可不勉励！

初用功首先要勉力将腿盘好不能放，腿疼也要咬紧牙根由它疼，真正忍到受不了，才可稍微轻松一下再盘。其实，说受不了也要受，要经过一番深刻的痛苦磨炼才能盘好，不要一疼就放下，否则坐三年也坐不好；疼时若能忍耐，到最后自然就不疼，不但不疼还感觉到舒服呢！你能听过来人的话，堪受得起大苦，就能得到不可思议的快乐。若年龄相当老了，根本没办法盘。有些人没勇气，就因为怕疼所以不敢来了，我们只好再慈悲一下，所以也就方便一点。但也不可将腿膝拱起来用两手抱着，那就太不像话，也太犯规则了。

## 学道如逆水行舟

我们修道不能顺利，是因为障碍重重，单就我们的身体来说，若稍不健康，不要说参禅、盘腿受不了，就是连起码的站立都受不了，这是无始以来的业力：恶业障重而善根轻。所以要修善就觉辛苦有障碍，要造恶的话精神可就大了。但有善根的人虽知用功辛苦，虽业障重，还是不怕辛苦要消灭业障，这种人当然是有希望的；若只有恶业障没有一点善根，那就没希望了，即使遇到善缘，他也不会修的。

有善根的人遭困难、受磨炼，都不会因恶的环境而畏退；没有善根的人遇到一点点障碍就垂头丧志。由此我们应可了解自己善根深厚否，此时要用智慧反观自己了，既然知自己善根少恶业障重，若再不勉力修行，恶业障不消，那到什么时候才能了生死？诸位！要生警惕、生大怖畏、勉力精进；虽是难，只要你肯下功夫也就不难了。世间无难事，只怕有心人。

就好像学生读一篇文章，聪明的人三两遍，甚至一遍，一听闻，下课就背熟了，不须再读；钝根的人今夜念三四十遍才能背，但明早一觉醒来又忘得干干净净了，那就要百读、千读，将功夫用下去，到最后还是能背熟的。

佛法是讲三世因果，若你前世多闻法、多修行、多种善根、多修福报，而今生却没遇到佛法，甚至生到无佛法之处，但因你善根的关系，即使恶因缘到你面前，也自自然然不会被转，不会造恶。或可"春观百花开，秋睹黄叶落"，看到这些万法生灭无常，都会开智慧，或开悟、明心见性。就像佛在世的时候遇佛闻法，依十二因缘修行悟道者叫"缘觉"；生在无佛之世无佛法可闻，由观察万法无常生灭而觉悟者叫"独觉"，这就是善根不可思议。

若善业重、恶业轻那还可以修行，最怕的是恶业重、

善根轻微，任你如何修行总还是冲不上去；就好像逆水
行舟，水流急，所撑的篙子插不下去，桨未来得及用力
划，就已顺着水流下去了，使尽了力也没办法往上逆进。
那要怎么办呢？常言道："学如逆水行舟，不进则退。"
所以你还是要勉力、用力，甚或使尽吃娘奶的力。否则，
你总不能顺着水就流到大海去吧！

## 加功精进消业障

有善根福德因缘的人，若好好加功修行，就容易得
感应，所以称念观世音菩萨就能求财得财、求子得子、
求三昧得三昧、求大涅槃得大涅槃，求什么都能有所得，
所谓有求必应；但对一般钝根的人，不管求什么还是得
不到。难道观世音菩萨有偏心吗？不是的，你求也是有
得的。得到什么？消业障呀？等到业障先消完的时候，
你还是求什么就能得什么；你现在业障未消尽，所以你
求就得不到。不要操之过急，时到自有感应。

这就是说，现在一般初上山来用功的人，心里动乱
一起，就想：怎么在家不念佛心里还闲闲静静的，来到
山上，一念起佛来反而妄想杂念多、心不能安？就以为
念佛没有用。要知道这是你自己业障重，更应拼命地念，
加功精进才对。其实你在家糊涂过日，妄想痴暗而不自
觉；来到清净的山中，仗佛慈光，心境清凉、心光开朗、

心智开发，自然就感觉妄想杂念多。这正是来山念佛才会有如此的觉悟，否则你在家中哪能有此觉察力啊！你已得到法益而不感恩，反说来山念佛不比家中闲静，真是没良心！

## 要求出世间妙法

刚才说到世间人求观世音菩萨是求财得财、求男得男、求女得女。那我们学佛的人是求什么财呢？"功德法财"；又要求什么男、什么女？求智慧福德之男，端正有相之女，更要求出世之妙法。

佛陀"三祇修福慧，百劫种相好"。要有慧有福才能度众生，有慧有福还要加相好；相若不好，人家看了难起恭敬心。如释迦世尊在世时，人一看到了三十二相的庄严，自然就生起了恭敬心而易受化度。所以学佛的人应是在这些地方求，这是求出世间真实法，不是求世间虚妄法。

## 离相修一切善法

大家要注意！虽是有求，但怎么求才合乎佛道？须无我相、人相、众生相；虽是无相但还是要修一切善法，若错解无我、人、众生相，一切因果就都不注重，舍了事修而单在理上求，那就害死你自己了。

要知道，佛法是讲因果的，事理要相配合；若偏于理就废了因果，没有事相上的因果，也是证不到实际的真理。虽是无我、无人相、离一切法、离一切相，但事相上还是要修一切法；若要修得好，必须要精进，做得实实在在的，将来感无为之报。无为之报是不生不灭的，那就是佛道；以有相之心修一切法是有为之法。有为之法皆是无常，修善感善果，一时享完就没有了；造恶业要受恶报，恶报的苦果受完也没有了，那就是无常。

正因为无常，所以"生"既不永生，"死"亦不永死；也正因为如此，所以生生不已，死死不绝，生生死死，死死生生轮转，永远受苦无尽。那我们只有修佛道一条路可行。如何修佛道？要有般若智慧，了达一切法空无所有；虽空无所有，而又能把一切事做得周周到到、圆圆满满的。那什么是佛道？不是叫你离开世间众生，离了众生也没佛法；佛陀本来也是众生，由众生所修成的。所以不能离开众生而修，要广度众生结善缘，千万不可结恶缘啊！明白了吗？

## 梦里有无都是假

佛法讲"无我"真的无我吗？如果真无我，那还修行做什么？若真无我，那造了恶业，纵然有地狱谁来受苦？如果真的没有我，那修善有福，谁去享呢？这决定是"有我"，方可讲得通；若说"无我"，那佛陀讲因果，"因"是谁造，"果"是谁受呀？

我若说有我实在是违反佛法，佛法的真理决定是"无我"。你不要再问：到底是有我、无我？真实的回答你，到底还是"无我"的。又有人会发生疑问说："既是没有我，那我们现在念佛干什么呢？而现在念佛堂里有这么多人，活生生的在这里，怎么说没有呢？这怎么令人领受？"我再真实地回答你：是真的"无我"，你说现在佛堂里有这么多人，这是凡眼所见，将假作真，当知这全是假相！

那么如何使你们了解、接受"无我"的道理呢？单讲道理不容易听得懂，今举譬喻你就能明了。诸位！你们每个人都做过梦，梦中一切有情的众生，无情的大地，世间的一切法，到底是有、是无呢？有的，梦中确乎是有，不能说它无；虽说它有，但它是假的，是颠倒想、幻有的，不是真的有。如果真的有，在梦中你买彩票中了头奖有几千万呢，你醒了有没有发财做大富翁呢？梦中的乐是没有的，梦中的苦也是没有的；蛇来咬你，你一惊醒了，你身上有没有被毒蛇咬？床上有没有老虎？是你自己颠倒的梦想呀！都是自己独头意识的作祟，全是假的啊！你怎可指假当真呢？

你说它是真的吗？实在是没有；说它是假的吗？梦中的惊惧醒时还心有余悸，梦中欢喜醒时还笑意犹存，到底是有、是无？实在是"非有非无"。讲它有，不可；讲它无，也不可；"非有非无"，这才是佛法的"中道义"。说有说无都落于一边，从某一方面讲是有的，从另一方面讲又是无；实在是"言语道断，心行处灭"。不是口所能说得对，也不是心所能想象到的。若能如是承受，就可理解空有实相，即持名而可往生上品。

这就是佛法的第一义谛和俗谛，不是一般凡夫所能想象的，就好像大学的课程，不是玩大猫叫、小狗跳的幼儿园小孩子所能知道的。佛法所讲一切无我、空之理，并不是什么事相就真正都没有了。大家听到这里若仍不明白，没有智慧应好好修智慧，没有福德的要好好修福德；待福德智慧圆满了，就能认清假名的人生、虚幻的世间。经云："无我无造无受者，善恶之业亦不亡。"敬请诸位于此真佛法中多闻、多思、多修，多礼佛、多念佛，终有一时你会明白、了然大悟。

## 娑婆人生都是梦

诸位！我们睡的时候做梦易醒，醒时梦境就没有了；但是我们白日做睁眼梦，何日方醒呢？可怜的人啊！人就不免要尝受许多的苦。但不要怕，好好地修行用功，念佛生到西方极乐世界；到那时，梦真正醒了，就知原来娑婆世界都是在做假梦。本来没有苦，你把它当成苦，受这些冤枉苦；本来没有乐，你也把它当成乐，说是乐，在乐上又不知造了多少罪业！你真醒悟了，这一切都是没有的。

当知，好在我们是假的不是真实的，由是随修德因缘而变化才能成佛；如果我们苦恼凡夫是真真实实的就糟糕了，永远都要受苦了，因为既是真实的，必然是不变的、不动的，那任你如何修行也不会成佛啊！这点大家要觉悟。现在闻到了佛法，也在修佛法；要如何才能证"无我"呢？就要看各位是否能看破、放下，好好念佛，求真实的福慧。闲言闲语、邪思想，徒遭无益的苦，觉悟了，好好地念弥陀，好好用功，此生得解脱。"此身不向今生度，更待何时度此身"啊！

# 第二天　般若智慧具福德　念佛往生重持名

## 无相是真实之相

大家到灵岩山寺打佛七主要是念佛，念佛有四种，所谓：实相念佛、观想念佛、观像念佛、持名念佛。念实相佛要有般若慧，还要有福德辅助慧，这个慧才不是干枯之慧。没有福的慧是很苦恼的，可不是吗？往往聪明人贫苦一辈子呢！说到般若智慧，其实里面就具足福德了，必要福慧具足才有资格念实相佛；否则像我们末法时代的凡夫，根本就不明白何谓念实相佛，即使明白了，还是不能得到真实之受用。

所谓"实相"是无相，无相才是真实之相。以我们凡情会认为是矛盾，以为无相就是没有了，没有了怎么会还是真实的呢？厨房没有米了，还能煮出饭来吗？锅内没有饭了，行堂还能为你添饭吗？这是凡夫总认为事相一定是有，那是错了！那是背觉合尘。真实佛法是空，万法虽有假相，但本体毕竟了不可得，这非要经过相当的闻思修行才可以领会到，不是我们凡夫不守戒、不念佛所想想就可知道的；这要请诸位注意啊！

## 依佛所说信受奉行

佛法有很多于人情上讲起来，好像是有矛盾的，有些世智辩聪的人不能接受。世智辩聪，是指世间一般学者，或一般有地位的人及一般富而贵的人，这些人若没有善根的话，眼睛长到头顶上，目空一切；自认他所想的所说的都是对的，不明白是自己无知得可怜；因为往昔之中没有闻佛法，听了这超世哲学的话与自己不相契，就产生毁谤。这种人我们是不须理他或与他辩解，因为他不愿接受。

有善根的人纵然不明白，他也能够接受，总认为佛是真语者、实语者，不会说虚妄之语的；佛是这样说，我就这样信、这样行；虽然于理不明白，我还是在事上坚信实行。这两者之间，我们要向有善根的人学习、看齐。

## 借假修真须明理

修般若慧要在假相上来修，在假相上见真实之相。假相是虚妄之法，又怎么能够见到真实呢？你能在假相上了解缘起性空，此"空"即是真实相。佛陀在《金刚经》上告诉我们："若见诸相非相，即见如来。"如来即是实相法身。

那为什么又要塑佛像呢？这就是"借假修真"，若无假的塑像，何能令众生见了佛像起恭敬心呢？一切还是要在事相上修持。缘起虽是假，但不能够离开假相；在出世修行道上，少一分因缘就不能成就圆满佛果。

所以还是要发心修种种的事相，不过在修这些事相时，要了知事相本空，事相原是无相，如此就是般若之福、无相之福。什么是"般若无相之福"？就是虽修善但不要执着，例如：我供养了佛像，我已经做了这个功德。你存了这个功德相，这是用世间修善求福的心，福报当然有，有因必有果，但这是人天的福报，是第二义谛；若想以此福德成佛道、了生死是不可能的。那如何方能了生死、成佛道？以无我、无人、无众生相，修一切善法，即得成佛了生死。

## 实相念佛依智慧

如何才是真正的念实相佛呢？若由缘起法来说，就是刚才所说的假相没有真实性，知我所做的一切也是因缘所集成的，没有其真实之性。依此缘起性空之理一心正观，就是念实相佛。你透过这番理解，虽然假是假，还要真真实实地修，若说是假的就完全不修，那糟糕了！不在事修上用功修德，又怎能悟入实相念佛！你不深入实相念佛，又何能真了达"凡所有相皆是虚妄"啊！

就如吃饭，饭是假的，但你不吃饭又如何保得住生命？虽然它是假的，也能养你的色身，你有了这个色身才能自修利他、做一切事，所以假的也有它的功能；你不要以为假的不是真的，就把它弃掉，你若弃掉不用，那只有待死。佛法讲"空"是要你认识真实的原理；谈"有"是叫你修一切善法，不能够离开事相，那就是惠能大师所说："佛法在世间，不离世间觉。"要在世间成就一切法。

说出世间、诸佛道是虚妄的，那么凡夫是不是虚妄的呢？当然更加虚妄了。说是虚妄，在此要注意了！"凡所有相皆是虚妄"，你要能"若见诸相非相，即见如来"呀！空，不是没有，非离了事相才是空，了达一切法只是一个缘生的假相、没有真实之性，这才是了解了"空"。虽空然又存在着有人我的假相，依着因果、顺着因果来造作，那又能修因感果，为恶还是要堕三途，十法界还是分明。理事要了了分明，那才有智慧念实相佛。所谓实相，有无相（空）之实相；有无不相（有）之实相。无相是真谛空，无不相是俗谛有。想明佛法真谛者，请在此处多用功研究薰修为要。

## 第一义谛毕竟空

若依第一义谛来说，真如实相毕竟空，说这说那都是多余的，"心想即非"，一微尘毫末都没有，心一切不住，这才合乎实相，连"不住"的名字亦无，那时才叫作念实相佛、念第一义谛空，也即是无念之念。大家听不懂没关系，最怕的就是会错了意。只要你们能一次次地听就渐渐会懂的，若不讲，就永远不懂，现在我们不是念实相佛，是注重在持名念佛；念实相佛是靠自力，持名念佛是仗他力。有弥陀大慈航度我们越苦海，你还要自划竹筏吗？

佛法讲本体空，但一切事的现象还是都有。好比太空是空，什么都没有，但山河大地、一切星球人物，皆在太空中悬住。太空本身是没有什么物，所以叫空，可是正因为有此"空"才能容受一切法，生长一切法，哪一法不在空中呀！离了空还有法吗？只是人在平常习惯上有时将"空"字当作没有。但这个空不是完全就代表没有呀！如我们念佛堂内，都是空呀！若不空如何能容受西方三圣像？能有这么多物件来庄严？还有这么多人在这里念佛拜佛？空，才有用呀！不空就没有用了。这么一听大家应该开智慧了吧！希望诸位以后不可仍是错将"空"当作什么都没有了，更请诸位由太空之譬喻，能了解佛法真空义。

## 无常故空诸法成

佛法讲万法无常：世界有成、住、坏、空，人有生、老、病、死，心有生、住、异、灭，这一切都是无常法。佛经上告诉我们"国土危脆""人命无常"，国土是"器世间"，人是"有情世间"，宇宙一切的器世间、有情世间都在太空中，太空是包容万相，但这万相不是常的，它是念念迁灭、时时刻刻都在生灭不停；连我们体内的细胞也一样都在生生灭灭的。一个人并不是到七八十岁死了才叫灭，在娘胎内未出世，他已不停地在灭了。

不但有情是无常，空中一切一切的万物，有是有，只是暂时的假有，不是真实常住的，念念在迁灭，也都是无常；到一定的时候也都会消灭的，你找不到一个实在的，那就叫作空。哪里另外还有空？在假相中就见空了呀！

我们本性的清净心就像太空一样没有一法，那么我们现在有了这么多妄想烦恼，这都是反背真如，染缘所造作的；因为不守规则、颠倒想，才沦做苦恼凡夫。诸位要注意呀！现在到了念佛堂里千万不要再乱想，乱想你就是苦恼众生，你无想就是佛。为什么要念佛？就是要止住你的想，不要乱想、颠倒啊！

## 一句弥陀具万德

所谓参禅，禅者"佛心"也，是无相的实相，也即是我们当体的本有真性，哪里还需参什么"念佛是谁？""父母未生以前是谁？"那已经是葛藤了。禅照理说怎需要这些？然为何又要参话头呢？古德说："因为人的根性下劣没有智慧，不能够直入，所以只有立个方便。"这就好像身体不健康没办法站立，又如年老的人气力不足或青年人有病站不起来，因此须要靠拐杖来支撑、来走路。

现在我们念佛，本是"心即佛，佛即心"。有人以为我们自己既然是佛，那还念他佛干什么？但是你要知道自己虽是理即佛，奈何恶业障深重啊！你的心污浊邋遢得很，所以要念阿弥陀佛。因为阿弥陀佛圆具万德庄严，是清净法身，所有的恶业障悉皆消灭，所有一切功德悉皆圆满。若说我自己就是佛，为什么要念他佛？这是没有善根的人，遇到善缘不安心念，念还念不好。这应当发大惭愧呀！

我们不要高谈理性了，还是守本分，老实持名，念阿弥陀佛。就像小孩子吃母乳一样的念，也等于我们吃饭一样；小孩子吃乳就会白白胖胖的一天天长大；我们吃饭身体才会健康、才能做事。所以一定要好好地念佛，如婴孩在母亲怀中乖乖吃乳，吃饭就好好地吃饭一样，你能把念佛当作吃乳、吃饭，能不忘念佛，那就好了、就对了！听明白了吗？好！说得一丈，不如行得一尺，请各位至诚念佛吧！

# 第三天　执持圣号得一心　此生决定往西方

## 初心散称为佛种

有人问道："执持圣号能不能得到一心不乱？又念佛是不是决定可生西方？"这问题，《弥陀要解》说："散称为佛种，执持登不退。"当知佛的功德是不可思议，名号的功德尤不可思议，你散心念佛都能作为成佛的种子。

如《法华经》说："若人散乱心，入于塔庙中，一称南无佛，皆已成佛道。"由此可知，以散乱心称佛名号尚有这样殊胜功德，何况执持名号一心不乱，焉有不往生极乐世界之理？

其实，能不能往生西方，这完全操之在你自己，你问："我可不可以生西方？"我还是告诉你诚实之言："完全操之在你啊！"只要你真有"此身不向今生度，更待何时度此身"的认识与决心，誓愿此世决定往生西方，那么你今世就可决定生西方的。所以，不要没事找事乱想，管他是散心或一心都不要去理他，把它丢到一边去，仍然安守你的本分，称佛名号就好了。

## 常恒执持登不退

总之，你只要"执持"不忘就对了。何谓"执"？好比拿一件东西紧握在手里；不但要保持住，还要有恒心，不要让它掉了，掉了就会打碎、打坏了，这也就是"持"的力量。所谓"执持"，就是"念念相继，不令间断"。就像我们上午念佛，下午也要念；今天念，明天还要念，这就是执持。平时要念，有苦难时更要念，念到大家苦难解脱方罢休！到那时则念未来佛，广于十方世界度苦恼众生。

你若不念佛，那意中的三毒——贪、嗔、痴就会跑出来，但只要你心中有佛号在，这些三毒之恶念就起不来；因这三毒非真有，是幻想虚妄之法，唯念佛才是真实的功德。虚妄之法哪能迎击真实的功德呢？这好比鸡蛋碰金刚珠嘛！所以，不用再去理它是散心或一心，只要这样执持一句佛号——阿弥陀佛、阿弥陀佛、阿弥陀佛……不管是行住坐卧或是穿衣吃饭，从朝至暮，一句佛号不令间断；你就是有诸病苦，及一切不如意事，还是一句阿弥陀佛，这样保持下去就对了。能这样还怕不生西方吗？

如何才是真正的执持呢？比方当人家说你好时，你就答他一句"阿弥陀佛"，讲你坏或对你起嗔心毁谤时，你仍回他一句"阿弥陀佛"。换句话说，不管是遇到顺境也好、逆境也好，一句佛号一定要执持着，不能忘失，否则被境一牵，要想得正念生西方就难了！

不但要保持，还得要任持——任运而持；任是自然的意思，就是平时就要能执持，这样久了就能自然而然地任持。能任运执持佛号是"因"，"果"就是得生西方极乐世界；一旦往生净土，从此便不再退转了。所以，以后别再问老和尚："我能不能生西方？"那要问你自己是否有执持圣号？你有执持就生得了西方，没有执持就生不了西方！因果就是如此清清楚楚。

## 有至诚即能一心

这句圣号只要你能不断地执持，散乱由它散乱，到最后自然就能达到一心；如果不能执持谈何一心？没有因如何能感果呢？有人刚念佛，就想得一心，那谈何容易？你不在因上用功，就想要得果，那是妄想呀！我这么说，并非叫人不要求一心，若不求一心，那是违反经义，违背古德悲切的教人要得一心；我讲的一心是有层次的。

这里讲的一心是凡夫的惭愧心、至诚心。凡夫只要有惭愧及至诚之心，就是一心，若无即非一心；能做到如此的一心，就会感往生之果。大家要用力呀！不用力，那所得的功德仅是种来世的学佛种子而已，今生是无法生西方的。

《遗教经》中说："有愧之人则有善法，若无愧者，与诸禽兽无相异。"若没有至诚、惭愧之心，做世俗事都难有成就，何况是出世之大事？一个人要如何对治三毒烦恼？那就要用至诚心和惭愧心来念佛拜佛。我们人非但于动时会起烦恼、打妄想，就是在静的时候，也一样胡思乱想。因此，我们要时时有警觉心；当自心起了贪、嗔、痴等烦恼时，不要随着烦恼去造恶，要能实时醒悟，并发惭愧心，莫把烦恼带给他人；不要自己下了地狱，还要拖他人下去。应该要想：我不能度脱他人令他了生死，怎可再把他拖到三途里去呢？只要你有这种想法，那你就不会再造恶业了。

## 弥陀圣号灭五欲

在这娑婆世界里遍处都是魔，此魔非指三头六臂、张牙舞爪、手拿大刀钢叉之魔，而是指财、色、名、食、睡五欲之魔呀！这五欲之魔实在是比毒蛇、老虎还要厉害；倘若我们是被毒蛇咬死或被老虎吞下，那只是死了个臭皮囊而已；但若是被五欲之魔吞下去，那不但生不了西方，还会堕到三途恶道里去啊！这点大家要特别小心，不能不警觉呀！我们修行说实在话就是在跟魔交战、与五欲之魔作战，你不胜它，就没有办法消灭它；好比与敌人作战，你不消灭对方，那时时都会有生命的危险；对付敌人是不讲沟通也不讲人情的；讲沟通、讲人情只是反害自己而已。

平时我们对人当然要慈悲，但是对七情六欲就不能顺其引诱了。尤其是在家学佛者，真是可怜！彻头彻尾、前前后后都是恶的环境，被七情六欲所包围着。难怪乎佛陀在《优婆塞戒经》上说："菩萨有二种，在家菩萨修行难，出家菩萨修行易。"你看！我们住在灵岩山寺，一心在道业上精进，只要稍有不正轨的行为或是威仪上有不合宜的地方，马上就会有人纠正你。在这个道场办道，你想要犯戒也没有那犯罪的恶缘，因为这里只有善缘！

但在家修行就恶缘多于善缘了，在家菩萨要靠自己修行，还要供养三宝，若有家庭的，责任实在也大，要尽孝又要行慈，上上下下都要照顾，周遭人事又要和合，如果有一点小差错就会遭人批评、讲话。学佛的人就是这个样子！不可有缺点，样样都要追求完美，所以你就凡事多忍耐呀！事事要吃亏，好事予他人，坏事给自己，多行忍让就对了！你想有大智慧、大福报，就是依这样修持嘛！

所以我时常讲，出家是大丈夫，其实在家能够修行实在也是大丈夫，而且比出家的秉性还要坚强，否则你在家是没法修行的，因为障缘实在太多了！在这些五欲之魔的面前是说不得大话的；你说你不怕，除非你有所依靠，依靠什么？依靠阿弥陀佛。也就是当五欲之魔现前时，你能把一句佛号执持得住，不管是散心或一心，就是念兹在兹，那么此生决定往生西方极乐世界！

## 情不破生死难了

人本与天地并称三才，出了家为僧，又可与佛、法并称三宝，人是何等的高贵呀！可是一般凡夫却颠倒妄想一生，那就变得下贱了，简直已忘了自己是个人了。

当有人拉你作恶、或找你麻烦时，没有关系！只要念句阿弥陀佛就没事。但怕的就是人家对你好，就情情爱爱地沉迷下去；有了这情爱之水，如同春雨走滑路，又如走碎石路般的颠簸危急。

所以我们凡夫一定要突破情感这一关，此关若不破，生死难了啊！生死之本在于染，染什么呢？就是染了五欲。学佛是大丈夫之事，对于男女间的情爱当用金刚利剑来斩，要斩情绝爱，不可藕断丝连，只要有一丝情爱在，就会被束缚住。是谁缚你？是你自己啊！

这个情不单是指男女之情，你若真想要求生死解脱，行上菩提大道没有障碍，那么老实告诉你，连父母、子女之情都要斩断。这是从出世之道来说，非以世俗观点而论；人间之道完全是情感的，人间的情感是生死法，你若无情，人家就以为你冷面如霜。要知我们学佛修行是超人间的，是要了生死的，这点大家要分清楚。你不要想：怎么如此违反人情？要人父母、子女、夫妻之间的情爱都要斩断！当知这是站在"真理无情"的立场而论的。

## 菩提道大仁大义

以世俗而言，为人子女的一定要听父母的话；父母养育子女，子女就要孝顺父母，父母叫你怎样，你就怎样，这是天经地义的。可是你若要修行，要了生死，要使父母也得解脱，那母女、父子之情一定要斩得利利落落的，你才能上菩提道；待道业成就，你度了父母，福慧圆满了，那才是真正的大孝。否则，你要想出家修行那是很困难的；就算让你住到寺里，父母还是要把你找回去；剃了头还是把你带回去，并买顶假发要你戴上。所以如果你连这点情都舍不得、突不破，那如何能修行了生死呢？

你要会想：自己生死未了是小事，我的父母生死未了才是大事；而且不只今生的父母生死未了，还有生生世世无量无边的父母，他们都还在生死途里等着我来度啊！因此，你要有出世这种冲天之志，要拿出智慧来，度己而后亲才得度；莫因今生父母的障碍，而害苦了多生累劫的父母。能暂时忍一下痛，将来才能得解脱；如果你还想：父母这样伤心、痛苦，我还是顺着他们好了。那你就与菩提道绝分了，你生生世世的父母也将继续沉沦永难了脱。所以，如果你想好好念佛、想出家，那就要把母女、父子这些情爱都斩断。

夫妻之情也是一样；先生想出家却挂碍着太太，太太要出家也挂念着先生，于世法说这是好情义。当知那真是不足以道的小情小义！学佛是大仁大义的，若还念着这种小情小义，又如何能把万德佛号念得很好呢？

大家来山上打佛七，业障重的人都会有这些情爱的事来障碍你修行，想要突破唯有靠这句阿弥陀佛了。我说这番话，不是要你们听听就好，还要你们能实实在在地做到！那就不单多世的父母能得永远快乐，普天下也太平了。这是出家与在家、解脱与束缚的抉择；苦与乐、情与智就看你如何取舍了。将相本无种，人人当自强；佛是凡夫成，敢不力求之？唉！有智慧的人啊！你能接受我的劝告把臂同行吗？同行到安养佛国拜见弥陀慈尊！

## 第四天　生大惭愧发至诚心　如是念佛达一心

### 众生心具佛宝藏

大家来山上打佛七，晚上的慧命香，依规定有一支香是讲开示的，至于早上或中午的过堂，就视情形而做方便开示。说到开示，真是惭愧，我哪里能够讲开示？只是拾前人牙慧，胡乱说说而已，大家听了，若认为说得好就照着做，如果认为讲得不好，那听过就算了；当然，若有错误请指正。

"开示"两字，应该如何解释呢？就是打"开"每个人的清净心门，展"示"每个人心中同佛一样的无尽宝藏。人人心中都有宝藏，并非佛陀才有，只不过是我们把心门关得紧紧的，阳光射不进来，不透风也不透气，里面黑暗暗阴沉沉；虽然把这宝藏封闭在暗室中，没有阳光的照射和空气的对流，但它不像其他平常的东西会因放在暗湿湿的阴室而坏掉。不过虽是不坏，但把这个宝藏放在暗室里不拿出来用，实在是太可惜了！

佛陀有无量智，知道众生心中也有同他一样的无尽宝藏，只是我们不知将它显现出来而已。因此佛陀为令众生开、示、悟、入佛之知见，特从常寂光中降生到人间，慈悲"开示"众生心中有无尽的宝藏，且要众生觉"悟"这宝藏是自家的珍藏，每个人本已具足不须外求，但须要自己深"入"把它拿出来用，佛陀不可能替众生将此宝藏拿出来。

我们现在虽是苦恼众生，但要明白我们心中都具足同佛一样的无尽宝藏。佛陀已得到宝藏，为何我们还没得到？唉！说来真惭愧，只因不长进、太懒惰、太懈怠了！所谓"公修公得，婆修婆得"，你若不修就不得。我们闻到了佛法，明白道理后，就要依理来修持，否则听了也是没有用。虽知修行好，偏偏修不了，那都是被无始以来所造的恶业障蔽住了，真所谓"业力不可思议也"。业力虽是不可思议，但要知道，佛力更是不可思议中的不可思议。大家念佛不要怕业障重，只要大家恳恳切切地念佛，老老实实地拜佛，等待时间一到，功夫成就了，因缘具足，果报自然圆满。

## 转凡夫心为佛心

诸位来山寺打七，要能善用这清净的环境，好好用功精进念佛，不可同世俗人一样醉生梦死，也不要太爱护这色身，这身体有什么好爱护的，只会造罪业！父母辛辛苦苦养育成就我们的色身，我们当好好善用它来念佛，精进办道，以报答父母养育之恩。希望大家放下身心，好好把握这七天难得的稀有因缘，将心力集中，不要乱打妄想，这样功夫才能进步，才不辜负你发心来山打佛七啊！

我们打佛七就是要克期取证，要先使身口不乱动不乱说，而后将心守好，使在这七日中有所成就。所谓"打七"，依字面上可以解释为打掉我们的第七意识，因为第七意识里都是那些贪、嗔、痴，没有好的；比如你想布施，它就悭贪舍不得，打七就是要把它转好，转为"平等性智"，并转前五识为"成所作智"，转第六识为"妙观察智"，连第八识内一分生灭心亦要打掉，转为"大圆镜智"而成佛。所以，我们打七的作用，就是要把八识里的坏念头打掉，如此才能把凡夫之心转为佛心，念佛即是转凡情为佛心。

什么是佛心呢？心清净就是佛心，不清净即为凡夫心；所以，众生心和佛心本无两样，仅是清净与否之差别而已。众生心虽不能马上清净，不过现在我们所能做到的就是要有惭愧心、至诚心；一个人虽造了杀、盗、淫的恶业，全身都是罪障，但只要你能生大惭愧，真心忏悔，肯回头发大至诚心行善断恶，所谓"日日向东走，回头便是西"，又谓"不怕念起，但怕觉迟"。所以只要能生大惭愧心、发大至诚心，再凭借这持戒、念佛的功德力量，那么所有罪障无不消尽；罪障一清净，六根必圆明，就六通自在了！你能以惭愧至诚之心执持圣号，必能生西方，圆成菩提果，广度诸同伦呢！

## 生西圆证三不退

往生西方极乐世界最大的好处是圆证三不退：（一）位不退，（二）行不退，（三）念不退。即是一生到西方，就同时证得三种不退，不像一般经教上所说的三不退是次第而得的。先谈一般经典上所说的三不退。

在娑婆世界，要破我执，断见思烦恼，一旦证了罗汉果，已经成圣了，不再退堕到凡夫地，这就是"位不退"。若证了初果必定能证得罗汉果，证初果就不会再退堕到三恶道，只在天上人间往返轮回；而且即使每天只吃饭睡觉，最迟七世就能了三界内的生死，如果能精进修行当然就不必七世，或许三五世就可所作已办，不受后有。不像我们凡夫实在可怜，还在六道轮回中打转，一不小心造恶犯戒，就堕到三恶道里去了。

发大心行菩萨道度众生，不退堕到二乘地，见思烦恼已经落了，尘沙烦恼也破了，这就是"行不退"。所以，要证行不退，就要发菩提心，上求下化进趋极果。要想达到"念不退"，那就要念念流入佛果海，破无明，证法身。

往生极乐世界，不必一定要断惑，只要一心念佛，乃至十念功成，也可以带业往生。从我们娑婆同居秽土，横超到西方极乐同居净土，于九品莲华中托质，即能常与诸上善人俱会在一起，如此日夜观摩熏陶，永离位的退缘，所以得证"位不退"；又因常闻法，乐修大乘之行，永离行的退缘，所以得证"行不退"；且华开见佛，常见佛的缘故，念念求成佛道，永离念的退缘，所以证"念不退"。故一往生即可圆证三不退，那就可一生补处佛位，此种殊胜利益，只有弥陀净土有之！

## 持圣号毕竟不退

在其他经教中只有提到三不退，没有毕竟不退。什么是"毕竟不退"？此乃专显佛号、经名的功德，圆满无碍，不可思议；不论你是定心念、散心念，抑或有心念、无心念；只要佛号、经名一经历耳根，耳朵一听闻了，即使你没念，也会纳入八识藏中，成为成佛的种子，永远不坏。假使今生不得脱苦，经过千万劫后，善根成熟，毕竟能以此功德而得了脱生死乃至成佛道。

佛号功德，是不可思议的，就像佛陀时代，有一老年人到祇树给孤独园，要求佛陀许可他出家，当时佛陀的大弟子舍利弗等，都是大阿罗汉，能观八万大劫以内的事，便用慧眼观察，见其在八万大劫内一点善根都没种，年纪又大，如何能出家呢？就告诉他不能出家。这老者一听到自己连一点善根都没有，不能满出家愿，心里很难过，于是就号啕大哭。此时，佛陀听到了，就问是怎么回事？弟子就将缘由告诉佛陀，佛陀说："他可以出家的，他在八万大劫前有种善根。"

如何种的呢？在八万大劫前，这老者曾是一樵夫，有一次上山砍柴，遇到一只老虎，因怕老虎吃他，就爬上树避难，于此惊吓中称了一句"南无佛"。这老者就只是念了这一句"南无佛"，现在这善根成熟了，可以出家修行，最后也证了阿罗汉果。这就同《法华经》里所说："若人散乱心，入于塔庙中，一称南无佛，皆已成佛道。"就像世间一般人虽不信佛，但当遇到大水灾、火灾或大地震等危难时，也会脱口称念"南无阿弥陀佛"或"南无观世音菩萨"；只要能称"南无佛"，即种下成佛的种子，待因缘、时间和合，自然会成熟，终能圆满佛道，是为毕竟不退。

我们现在打佛七，每天有十二小时念佛几万声，礼佛五百拜，如此功德哪里不能生西方？一定能生西方的！并非一定要到一心不乱才能生西方啊！经中说的一心不乱有二种解释，谓"事一心"和"理一心"。证到事一心即得"位不退"，生方便有余土；证理一心，即得"念不退"，生实报庄严土。我们凡夫念佛虽还未到理、事一心的境界，但只要念阿弥陀佛，就能得到"毕竟不退"，迟早都能往生西方。大家放心，只要你能以至诚心执持名号，就生得了西方。所以不要怕念佛的功夫不够，仍有散乱心不能生西方！最重要的是看你能不能"执持"圣号，若能执持不失，又具足信愿，就决定能生西方的。这生、不生是操之在你自己呢！

## 弥陀甘露是法水

世间常言：邪不胜正。但在某些时候，正的也有被邪的欺压呢！好比现在是末法时期，邪说炽盛、是非颠倒、以是为非，连真的也辩不过假的。在这五浊炽盛的恶世，佛法好像被外道遮盖住了；不过这只是一时的现象，非长期的。为什么？谚云"善似青松恶似花，花笑青松不如它，等到一日霜雪至，只见青松不见花"啊！

我们都知道，水是决定灭火的，可是若想以杯水济车薪，这是不可能的；一小杯水怎么可能去扑灭一车柴的大火呢？好比现在末法邪说炽盛，众生善根浅薄，恶业障重，仅以微少的善根之水，怎能扑灭多世深厚的恶业之火呢？所以，大家念佛时才会妄念纷飞，拜佛时又有杂乱波浪，腰酸背痛。

虽是如此，但也有多水的地方，如大火来了，没有水，就要快想办法去找水源，接长水管，就能普洒甘露，火就灭了；我们一念佛时，就妄想烦恼多，这时不要去理它，你仍然阿弥陀佛、阿弥陀佛……如是一句接一句不断地念下去，那么妄想烦恼到最后也就自然会化为乌有了。阿弥陀佛就如同是水，能执持称名，就可接到阿弥陀佛的功德法水；这功德法水是清净的，能洗净众生的尘垢，能消尽众生无始的业障。

大家来山上打佛七，这么精进用功，就是要取清凉甘露功德法水。这圣号甘露法水是遍一切处的，有什么大火不能熄灭呢？火能烧尽山河大地，但不能烧灭虚空；所以说，到最后还是邪不能胜正的。大家应当要有这种正知见；千万不要看到外道或恶人是这样的凶恶就怕。"从来硬弩弦先断，每见钢刀口易伤"，恶人虽能威武一时，总是不久长的啊！善似青松、恶似是花，松柏四季青，花无百日红；所以他们为恶，受苦报还是他们，我们要多多可怜他们，同时也要广设方便以正知正见、净戒功德来慈悲摄受他们。因为他们本心本性仍是善良，只是一时不觉，妄造恶业，若有善缘协助，则他们的良心终会觉悟，舍邪归正的。

## 一称圣号成佛道

诸位听了这番话信心应该十足了吧！大家要常来打佛七，不要打一个七就不来了。如果知道自己善根浅、罪障深、没福报，那就要多多念佛，精进用功，业障才会消得快；唯有多念佛才能消业障、增福慧，否则一杯水，是不可能把车薪火扑灭的啊！我们要有信心，坚信"一称南无佛，皆已成佛道"，一定信今生就可往生西方，今生能生西方那多快乐呀！哪里还要再等二生、三生呢？一生就已经够苦恼了，更何况如佛陀时代的"老者"，过去等了八万大劫，今生始得度，那多生多世的生死苦怎么受得了啊！我定要今生回到西方老家去，弥陀慈尊必来接我，请拭目以待！

大家每天念赞佛偈："四十八愿度众生，九品咸令登彼岸。"往生品位分上、中、下三辈，各辈又细分成三品，计为九品。由众生因行有浅深，故感九品之不同。念佛得理一心者生上品；事一心者生中品；能真信切愿持名，虽然未得一心，也可生下品；犯了五逆十恶能念佛忏悔者，也能生在下下品。这是仰仗弥陀大愿力带业往生，是为弥陀净土特别法门。分九品者，所谓一分因一分果，就像世间人说的，一分钱一分货。货好，价钱当然就贵！价钱低，何能买到高贵品呢？所以懈怠人若能精进念佛到一心，当然得生上上品，待菩提道圆满就与佛平等。

因此，大家要以至诚心念佛拜佛，哪有不生西方的？不但生西方，而且品位还高呢！当知"此身不向今生度，更待何时度此身"。希望诸位，要好好地精进念佛，求生西方吧！

## 第五天　富贵心歇能求道　成佛方为无上尊

首先，真为诸位高兴欢喜！在这末法时代，释迦佛已灭度，弥勒佛未降生；也就是正处于佛前佛后的八难之一。诸位能有这个因缘，听闻到无上的佛法，且又能遇到净土法门，甚而肯克服种种的困难，来到本山清净道场打佛七，实在是往昔之中曾于诸佛菩萨前种诸善根，发大精进心，今天才有这殊胜的因缘。否则就是来了，也不可能安然自在地参加佛七，来念佛修行。这点大家应该感到庆幸才对！

## 求出世的真富贵

我们学佛最主要的大前提是要有正知见，没有正知见，虽学佛法也是得不到佛法的真实利益，就有如指南针使用错误而达不到目的地是一样的。大家应该知道，我们学佛的人念佛修行，并非同世俗人一样只为求富贵、升官发财，而是为了解脱人生之苦而学佛；若只为求富贵，那么信其他外道也一样可以的。这么说，佛法就不讲求富贵了吗？在佛法中也讲究求富贵的，但所求的是出世间的真富贵。

世间的富贵往往是成就道业的大障碍，所以应当扬弃不可要。常言："富贵学道难。"富有财、贵有名；财、名是五欲中之二种欲，这如同两条锁链，有这财富名望的人，就会被束缚得紧紧的，要想修行，那真是难呀！所以，只要身体健康，生活安定，衣食住行不缺就可以了；如果衣食不够，当然是要想法子营筹，否则也是难以修行的，因衣食缺则身不安，身不安心也难安，身心不安又如何修行呢？

生在这个时代，尤其是生在台湾这个宝岛，大家生活安逸又富裕，哪里还会有吃不饱、穿不暖的情况？我们有这样的好环境，就不要再求名争利了，那样会障道害自己；大家一定要把富贵之心歇下来，才能真心求道啊！

事实上，造业作恶的大多是富贵人。据我们所观察，富贵者有几人能够真正自动为国家社会贡献？富而不迷不骄的又有几人？人一有了富贵，很少能不贪迷于五欲的。但财、色、名、食、睡是地狱五条根呀！一贪迷就会堕到三途里，所以千万不要费心于追求世间的假富贵。

佛法讲的富贵是什么？修六度万行就是最富，超出二死是为最贵。什么叫二死？就是分段生死、变易生死。在六道轮回中生生死死叫分段生死；凡夫修道，证了阿罗汉果，就了脱分段生死超出三界了；阿罗汉再发菩提心行菩萨道，破无明证法身，圆成佛道，就是解脱了变易生死。若菩萨道圆满，已成就了佛道，那就是超出二死；像释迦牟尼佛、阿弥陀佛、无量诸佛都是已超二死，自由自在为九界之最尊，这是何等的高贵！

佛陀又名为世尊，就是为一切世间之所尊；又名天人师，这是何等的尊贵！佛陀之所以为世尊就是因为他具有大慈悲大智慧，能救拔众生苦，并能使众生得乐。我们看看世间的富贵者，有几人能如此拔苦与乐的呢？我们学佛就是要向佛陀学习，必要得到出世的真富贵。具如此的向上心，那才是真佛子啊！

## 尽形寿至诚称名

　　大家学佛，修净土宗，首先须具足信、愿、行。《弥陀要解》说："非信不足启愿，非愿不足导行；非持名妙行，不足满所愿而证所信。"我们在此打七念佛就是重在行。

　　念佛应如何念法？一般讲有四种念法，我现在就单提一种人人可行，且容易成功的妙法——持名念佛。持名，持何名？就是持念阿弥陀佛的万德洪名。当然持其他诸佛之名，功德也是不可思议的。那么释迦佛为何于无量无边诸佛中就单提一尊阿弥陀佛，要我们称念礼敬呢？这是因为"十方三世佛，阿弥陀第一"。为何第一？因为阿弥陀佛的愿力最大，他发了四十八大愿，要普度一切众生。因此，我们应该要好好地念阿弥陀佛，不要又想念药师佛求生东方，免却一心挂两头，以便专心，古德有言：专修则万修万人去。

　　我们念佛时，不管是念六字或四字，每个字都要念得清清楚楚，从恭敬清净心中念出，再用耳根清清楚楚地听入心中。一句佛号如此念，就是千句万句也是如此念；今天这样念，明天仍然是这样念；今年是如此念，明年乃至百年也如此念，你以这样的方法来念佛就对了。最重要的是恒常心，千万不可今日这样明日又那样，心不专一，生不了西方，太冤枉了。

至于应该念四字还是念六字较好？其实都是一样的，并不是六字就比四字佛号好；经典上都是叫人执持"阿弥陀佛"，但为什么要加"南无"二字？南无就是归投的意思，也是含有"一心"的意义，要我们以一心归投阿弥陀佛。如果你要念慢一点，可持六字；若要快一点，四字佛号比较好念。

我们念佛要同吃饭一样，每天都要吃；打从我们出娘胎就开始吃，直到现在每天仍然要吃。究竟要到何时才不用吃？那就要等到阎王来抓你的时候才不用吃了。我们念佛也是一样，要清清楚楚地念，念到阿弥陀佛来接引；并非只念一天、两天或打一个七、两个七就好，大家千万不要搞错！而是要尽形寿地把这句佛号念熟，没有停止的时候。这好比小学生读文章，一遍不熟，再读二遍、三遍乃至百遍，如此读下去到最后总会熟的；不能因为一两遍读不熟就放弃不读。所以，我们念佛，也是何时见到阿弥陀佛来接引，到那时候才暂时告一段落。

我们生到西方后，并不是马上就成佛；凡夫到了西方是先到凡圣同居土暂住，而后再到方便有余土、实报庄严土，最后才进入常寂光净土而成佛。我们为何要念佛？就是为了成佛。成佛做什么？为了度众生。因此我们要发大菩提心来念佛，为菩提道求生净土来念佛，这样，目标才正确；你若舍了菩提心而念佛，那等同指南针的方向指错了。一旦生了净土，就要回入娑婆，驾大慈航度众生，度众生要到何时为止？要到众生界尽，佛的觉行才圆满。

## 背尘合觉向佛道

我们念佛究竟是念什么佛呢？所谓"心即佛，佛即心"。我们的心念阿弥陀佛，阿弥陀佛就是我们的心；阿弥陀佛在西方极乐世界，极乐世界也是我们的心，甚至整个大法藏界、整个虚空也都是我们的心，而虚空是无边际，我们的心也是遍满整个太空宇宙。何谓宇宙？上下左右四方谓之宇，古往今来谓之宙；换言之，宇宙即是指时间空间。我们说心包太虚，其实众生本有的心就是超时空，是无边无际、无始无终的；故此心乃非因缘所生，若是因缘所生，则会随因缘而灭，那就非真实的了。而我们的真心，就是自性清净心，亦是佛及众生之本源，是真实不生不灭的。

阿弥陀佛是断德究竟，也就是已断除一切的烦恼，永不造恶业，清净无为解脱自在；不但是自利已圆满，利他的功德也已圆满。换句话说，福慧皆已究竟圆成，已证法界藏身，也就是证了本有的清净心。其实法界一切众生也都有这清净心，也都能证得法界藏身，但众生不成器，不好好修行，使本有的清净心不能显发，那有什么话可说呢？唉！是天不佑我吗？是地不助我吗？是自己懈怠不精进。夫复何言！

佛陀的身是万德庄严的清净身，而我们的却是造诸恶业而成的业报身，只因佛陀是背尘合觉，修一切清净法，而我们凡夫却颠倒背觉合尘，昏迷于一切尘劳中。这尘就是五欲，也就是众生所喜乐的财色名食睡，地狱的五条根。如果我们要想转凡成圣、转染为净，那就必须要念佛。凡夫所以能把杀、盗、淫等诸恶事做得那样纯熟，入木三分，那是因为多生累劫来做惯了，习气太重了，若不要他做，他还是要做；而我们现在学佛了，就应当要转众生所熟之习染成生，于修清净法上要转生成熟。

## 念佛即是念自心

"心即佛，佛即心"，就是众生即佛，佛即众生；心佛众生三无差别。我们念佛即念自心，阿弥陀佛是我们众生心中的佛，并没离开我们的心，所以，念阿弥陀佛即是念我们的自性佛。既然佛是我们心中的佛，那么我们念佛还是感自己的心，自己感自己，哪里有不感应道交的道理呢？不但阿弥陀佛是众生心中的佛，十方世界所有一切诸佛，也是众生心中的诸佛；众生亦如佛心中的好儿，既是佛心中的好儿，佛哪有不垂慈接引、哪有不悯念的呢？弥陀慈父总是希望我们能早点回到极乐老家，早日成就佛陀之三德——断德、福德、慧德，亦即法身德、解脱德、般若德啊！

我们千万别再唱反调、行背路、搞花样了；要听佛陀的话，发至诚心，老实念佛。字字句句清楚地念，心口念，耳朵听，这样才不会打妄想；否则口念心不念，心里想东想西、胡思乱想，这样怎么能跟佛相应呢？

## 准备资粮往西方

我们既然是打佛七，就是重在行，若有疑问要请教，应该是与修行念佛有关的问题，这样对自己才有助益；如果单问一些名相上的意义，对修行是用不着的。对我们最重要且用得着的就是多念佛、多拜佛！

我们学佛要注重行，若不修行而专在经教上钻研，你道理即使明白了还是生不了西方；要想生西方，就靠你执持圣号的功德资粮。希望大家不要荒废念佛的功课，要时时刻刻执持圣号准备生西方的资粮。时间已经到了，请大家还是多多念佛，一心求生西方吧！

# 第六天　念佛注重求往生　舍此法门难度脱

## 唯依念佛度生死

印光祖师告诉我们，在这个末法时代唯有执持念阿弥陀佛才可了脱，修其他法门是没有解脱之分的。不懂理的人会不服气，以为这么单靠一句佛号，就把佛陀的一代时教都勾销了。话也不是这么说，要知道法有它的时代性，犹如农夫种谷要依时节一样。像在大陆冬季气候严寒，非是生长的时节，虽播种也是不可能生长的，故时间性、时代性确实是有影响。佛法分正法、像法、末法，现在是末法时期，你不好好在念佛上做功夫，还说其他法门好啊！其他法门当然也是好，但不对时候啊！

凡事凡物即使再好，皆有其适用的时候，一过了那个时候也就不好了；就如冬天寒冷，你虽说葛纱夏布轻，又透风凉爽，但那是要在夏天才好，若冬天穿，不活活冻死人才怪。反过来说，到了夏日炎热的时期，你说皮革棉袄很好，这些衣服有保暖御寒的作用，当然是很好，但要在冬天才好，你不能在夏天还说它好，还死不识时要人穿着吧？又如人参是补中之王，这当然是上等药材，但体虚的人受不了补；如果感冒的人还泡人参茶喝的话，那病情会更糟的。所以不管世间、出世间的一切法，都是随着时节因缘而生生灭灭。

"法门"既属于第二义谛，当然也是随因缘时节而有它的适用性，这点大家要认清。在这个时代只有一句"阿弥陀佛"才可以了脱生死，你们想要往生西方，不受人间之苦，这点信心要有，这点正知见要有。你不要听人家乱说某某法好，某某法妙；他人说的好法、妙法，你由他好去、妙去，我们要修"千经万论处处指归净土，往圣前贤人人趋向西方"的念佛法门。你千万要注意啊！在这个时代唯有念佛才能得度，除了念佛没有其他的方法可得解脱。不管人家向你说其他的法门是如何的好，你就对他说："那是好，你修吧！你喜欢就好，我是念阿弥陀佛执持名号；各人的志愿修各人的道，道不同不共行！"

我时常向诸位介绍印光祖师的话，为什么呢？因为他所说的话句句都是有来历的，他一切的言说都是依据经论上佛陀说的话。比方印祖说："现代的时代，舍此念佛法门不能够度脱、不能了生死。"这话就合乎《大集经》上佛陀说的："末法亿亿人修行罕一得道，唯依念佛得度生死。"在末法时代，亿亿人修其他法门很难得有一个人成就，唯有依念佛才能够度脱，所以这是最简易也是最稳当的方法。

经上的佛语大家要信得及，若这还信不及，那就不是佛子啊！尤其是身为出家人，披的是如来衣，靠佛吃饭，不宣扬佛法这事不谈，若是连佛陀的话也信不过，甚至还毁谤念佛，那就等同魔子了；切勿狂妄，连佛言祖语都不至诚接受，如此哪有正知见？

## 一声佛号赅六度

常言"法门无量誓愿学"，我们固然不能只学一法，而是要通学，不过你要知道，念佛这一法就是总持之法，具足无量无边之法。我时常比喻阿弥陀佛圣号就如多种维他命，你吃了综合维他命，身体就能得到各种的营养而无所欠缺；一句阿弥陀佛四摄六度万行皆已具足。莲池大师亦说："举起名兮，兼众德而俱备；专乎持也，统百行以无遗。"这番话没有大智慧的人听不明白，也没办法领受的，信不及啊！

一般人有此误会："一句阿弥陀佛既是赅摄六度万行，那么是不是我们念了阿弥陀佛，其他的四摄六度万行就不用做了呢？"要知道我们念佛求生西方，经上告诉我们："不可以少善根福德因缘，得生彼国。"我们一定要坚固我们的信心，先把这句佛号念好，待业障消除，智慧开启，然后再修其他的法门，由约而博。为何先要执持阿弥陀佛圣号？因为圣号中具足四摄六度万行的功德，所以我们就要多念佛，仗佛的功德做我们的基石，把这个基础打好了，然后再修四摄六度。如此这条路才可以走得通、走得上去，且走得轻松不吃力，那多好！

虽说要修四摄六度，但我们念佛的人一定要注重回向求生西方，生西方证了无生忍，然后再到十方世界坐道场，广度众生，满菩提愿；必如此，方名真为念佛行者。

以上这些话，都是过去祖师大德说过的，祖师是依经义而说，我只是将语句稍变，令人易懂，但意义还是一样的。为什么要改语句呢？因为话往往是随着时代而有不同的表达方式，若完全依经文来说，往往会有人听不懂，所以说话要随着环境、随着人的根性而说，但千说万说总不能离其义理。如现在科学医药进步，有综合维他命多种营养素的合成，所以我就以它为譬喻，这样大家就易于明了。你们认为对吗？

## 大乘行不恼众生

一般不了解的人，总认为大乘行者应该要在这娑婆世界行菩萨道度众生才可以，说求生西方是小乘法。依你一方所说是没错，佛法就是要度众生，要舍己利人，也唯有度众生才能报佛恩，才能成佛道；但是你要忖量自己有没有能力度众生？若有，你就以利他为自利来修行吧！预祝你度生无碍，早成佛果！

我们是罪障凡夫，生此末法时代，所幸我们在末法时代还能遇到佛法，能信能修，那也是我们往昔之中多闻佛法、多种善根来的；没善根不可能遇到佛法。不过我们当然还是业障重，所以至今仍未得解脱，这就是虽修善，但也免不了作恶，善并不纯净，一方面修福德，一方面却又损福德；或虽守戒，但未修福慧，没与人结善缘。所以，度众生是要有次第的，首先必须把戒持好，这是基础；能自求了脱，再修大菩提行广度众生，即所谓"登高必自卑，行远必自迩"。

如此按部就班比较稳妥，否则你度他，说不定你会误他呢！为什么？论云："自身未度而度他者，无有是处。"你说的一面之词是很好听，但也不能不警觉我所引证的真实语吧！其实念佛人，为菩提道求生净土，待华开见佛悟无生，然后回入此界及十方国土度众生，你能说这是不对吗？难道佛语祖言还要请你指正吗？你若真有佛慧，怎么不与佛言相同？

我们现在能够不害众生，那已经很难能可贵；你能不害众生，你的戒行就清净了，你害众生就是犯戒。你要想不害众生，不恼众生，一定要把戒守得清清净净的，否则再怎么修万行度众生，也不会清净圆满的。当然人各有志，各修各的吧！请以后不可说念佛法门不好，以免谤法！

## 想当法师先念佛

印光祖师常劝导人，出了家若是想当法师，那就要先好好地念佛。你把佛念好了，将来就会有能力当法师。你若没有修持福慧，就想在经教上研究，学当法师，以为法师坐在法座上好威风，哪里是那个样子的呢？你若没有过人的天资，强壮的体魄，因缘不具足，那就不要枉费了心机，辜负了时间，又空费力，还是老老实实地念佛、拜佛吧！"礼佛一拜罪灭河沙，念佛一声福增无量。"如此用功十年、八年若有成就，到了那时再学当法师不迟，其实不用学，也自然都会讲法，也能度众生了。所以一定要按部就班地学。像本山上的小沙弥，打佛七时就跟着打佛七，先把罪障消了，再深入经藏，到那时成就才大。若不从根本上落实，只在浮面上下手，哪能得到真实受用？希望初发心的学者，切不可好高骛远，千万要老实用心才好啊！

印光祖师这番话，偏偏一般人不肯接受，总是急于研经教当法师，而不管自己有没有这个根机。现在不仅是初出家的如此，甚至连做师父的也颠颠倒倒的，不识下一代根性，不先指导他们在修持上、在戒行上下功夫，那是先后倒置，不切时机。师教既不良，所以虽是学却学不成也学不好。夫复何言！

若能向广钦老和尚学那就好了，怎么个学法呢？学他的苦行，几十年来不在衣食住上讲究、贪求，吃的能填饱肚子就好了，穿的能御寒就好了。想要修行学佛道嘛，连现前的这位老和尚善知识你都学不到，无法修苦行，还妄想学佛啊！真是舍本逐末。这就如同不事耕耘，而期能开花结果实吗？佛位是从因地下苦功，宝塔是从基石上一层一层建成的，不是从顶层向下建的吧？请初发心的人要脚踏实地地苦练一番，皇天终究不会负苦心人的！

广钦老和尚他不说法，也不讲经，可是大法师们见了都要向他顶礼；他不是学士、硕士，更非博士，但那些名教授还要至心皈依他。我们看广钦老和尚虽不讲经，却能度千万人，而会讲经的法师又度了几人呢？他老人家凭什么呢？就是持戒的功德庄严，禅定的寂静功夫。诸位要知道，老和尚不是不知道要讲经，但他不需要；他有戒德庄严，以这真功夫度众生就已经够了，所谓身教重于言教，还要什么其他的呢？诸仁者知之乎？他老能为，我们何以不能学？是懈怠吧！

## 今心念佛易相应

诸位来打七念佛，一般来说，念佛是指要用心念，而不是用口念，但是我们弥陀净土法门重在持名念，持名之法是佛陀金口所说，所以以口执持名号也是很重要的。刚才说念佛是心念不要口念，要知道，心念当然是重要，但也不可废了口念；古时的人根性较利，用心念，念实相佛，那当然是可以的，但现在这个末法时代，一般人的根机已不如从前的人，所以还是不可废口念。口念若能相续无间，念极情亡，亦能即持名而达实相。大家要知道，这念佛的"念"字，是"今心"两个字合在一起，世俗一般人以为念佛是口念，所以就将念字加上一个口成了"唸"字，那是自作聪明！我们持名念佛固然要口念，但千万不要忘记了心，一定要用心念。用什么心呢？"今心"，今者就是现在，此时此刻；当下这一秒是现在，到了第二秒时，前一秒已经过去了。钟一秒一秒嘀嗒嘀嗒很有规律地前进，我们的心也应如钟一样嘀嗒嘀嗒不断地保持着念佛：阿弥陀佛、阿弥陀佛……一句接一句，念念无间。当下的一句念过了，就不要理它，紧跟着随之而来的每一句佛号，念念都要用现在的心！若无心，那你同一般人一样昏散，那么如何能成就往生西方的功德？

我们念佛是仗他力，即仗阿弥陀佛的大慈悲愿力，然而，实实在在地你不要忘记了自己的虔诚之心、恭敬之力。就像你口是在持名，但所持之每句佛号是否皆发自于心？那我们如何才知道自己是否有用心念？是否心在呢？就是你念每句圣号，都要听得清清楚楚，你能够听清楚了，这表示你的心在；要是口里念而心根本没有听到，那就是你的心不在，并不是说你的心没有了，而是不用心，心跑到其他地方去了。大家在这上面要注意，这是用功的命脉处。若不用今心来念佛，那就犹如憨山大师所说的："口念弥陀心散乱，喉咙喊破也徒然。"你没有听到这句圣号就是散乱。若能明明白白听得清清楚楚，那你心就在，就不算散乱了。能如此用力加工，则散乱就会渐渐减少，以致于无。

我们的功夫要随着时间朝前进，不要一直是散乱或昏沉，果真能用心以"今心"来念佛，那是愈念愈快乐，愈念愈清净，一点也不会感到辛苦的。若感到辛苦的话，那是用功时在打妄想，妄想打得多，当然就疲劳而觉辛苦了，这么一来想养神，跟着又是昏沉来到，等一清醒精神养足时又是打妄想，如此，不是昏沉就是妄想，这叫作醉生梦死啊！哪里配称念佛人？

要知"佛"就是觉，我们念佛就应当时时觉悟，就是用"现在的心"，每句佛号都听得清清楚楚的，把心住在这句佛号上面。如果能照这样用功，只有快乐只有自在，这种法乐只要你得到一念相应、一念心静下来，那就不是任何世间乐所能比的了。

你若能用今心念佛，念到昼夜弥陀十万声，那功夫必然会成就。我们现在打佛七，你只要阿弥陀佛、阿弥陀佛、阿弥陀佛……念下去就好了。初发心的人是不可能昼夜十万声；你若能念个四五万声就已经够你受的了，若真要叫你念十万声，那样功夫不到是会念得心胸痛，受不了的，不要说是出声，你连默念都会受不了的。这是修行功夫的经验，你要听有经验的过来人说才会了解，你自己哪里知道？否则一听到人家昼夜念弥陀十万声，你也想念十万声，结果是今天念了，明天疲劳，力不从心就没办法念了。

## 情无情念念迁灭

　　说到心，我们到底有没有心？实在是没有心在。为什么说没有心在呢？因为不管是有情、无情，皆是在生住异灭这四个阶段中。其实"住"也是念念在灭，刹那之中都没有停，都在动中；比方桌子也是不断在变灭中，如它是停止不动的，那应该是不会变坏才对，木头应不会变烂，色泽也不会改变，但事实上山河大地等一切无情都是在成、住、坏、空不断地变化着。我们人也是这个样子，有生、老、病、死，而心念更是这般很快速很微细持迁灭。

　　心的迁灭比物质还要快，快到什么程度呢？经论上说：一弹指顷有九十个刹那，一刹那有九百生灭，这是如何快的速度呀！打个比喻来说，如现在有切纸机，一刀切下去，瞬间就能将一千张纸切开，刀切过一张纸的时间就是一个刹那，但这还不是能很贴切地描述出刹那之极短的速度；又如用复写纸写在第一张纸时，第二张纸也就同时印上了，可说是同时的，而同时中又分有先后，在这同时先后的中间就是一刹那。

这极速、极快、极短的刹那不是我们凡夫肉眼可见的，唯有佛眼才能看得到，现在科学家的研究还达不到这程度。我们知道电波的速度是很快的，所以与美国通电话时，就犹如在对面讲话一般。但我们人的研究毕竟有限，还是不及佛清清楚楚地彻见、了达一切。希望我们精进用功，早开佛眼，那就真正无所不知无所不见。

## 修行依第一义谛

诸位要知道世乐是苦的根源，这点你若不明白而依旧在财色名食睡上沉迷，那就没办法了脱了；你们如果不刻骨铭心地知道世间的乐是苦，那还是道地的凡夫，也就不配称作是佛弟子。既不知道世间乐是苦，又怎能看破放下？不看破放下怎能得到自在？世间的情情爱爱、一切的享乐果真是甜美、是快乐吗？当知五欲是咸水，愈喝是愈渴啊！要觉悟了赶紧迷途知返吧！否则常沉苦海中，何日能上岸？

大家要完完全全把世情斩断，佛法是不讲人情的，而是超人情的，是讲要了脱生死的，这是点穴之处。诸位要自己觉悟才行，所谓"把手牵他行不得，直须自肯是堪修"。你若还要谈人情，扯世事，那你就做人去好了！

依佛法的第二义谛来讲，当然还是谈君敬臣忠、父慈子孝，可是我们若真正修起行来，是不能用第二义谛，不能用人情的；唯有依第一义谛才能解脱，所谓"不依第一义谛，不得涅槃解脱"。若能如此用功，道业才能成就，然后再回入凡间度众生，这才是真正所谓"佛法在世间，不离世间觉；离世觅菩提，恰如求兔角"的真义。要度众生必定要等到自己的道业成就、生死已了、福慧圆成，那时再度众生。否则糊糊涂涂的，不依次第不分前后，那愈修是愈糟糕，怎能了脱生死？要了生死苦，还是请大家至心念佛吧！

南无阿弥陀佛……

# 第七天　用功有何妙方法　持戒念佛最上乘

关于念佛用功的方法，假如大家平时已有自己所修的方法，又能用得恰当、得法，那就照你自己平时的方法用功；如果是初发心不知如何用功的话，那就请照我所说的试试看。请诸位净心谛听。

## 三业相应功夫成

用功不是一天两天就能用得好的，哪有那么快？今天用不好，明天继续，明天用不好，后天再努力，直到做好为止。什么时候才是好呢？就是你身、口、意三业能与佛法相应，了无杂乱，日夜安详，心观佛、口念佛、身礼佛，能执持不忘，长期保持无间断才好。

先谈身业，我们坐时要端身正坐，身不能朝前俯，也不可往后仰，腰要挺直，腿要盘方正，坐时就像一口大钟，稳稳当当的；头不要低昂歪斜，鼻对准胸膛，呼吸要畅通，要用鼻子呼吸，不可用口。又要注意！眼睛不要东张西望的，大约看前面三四尺的地方；如果闭着眼睛容易昏沉，若精神好时是可以闭，但在想睡时一闭上眼睛就睡着了，所以睁开眼三四分，看正前面不要看左右。

口业方面，不管大声念、中声念、小声念，抑或金刚念、默声念佛都好，只贵于"念念相继"不可间断！

在昏沉或散乱时应用大声念，所谓大声不是说叫你大喊大叫，而是念得响响亮亮、朗朗爽爽的，佛号盈满两耳。中声念是不高不沉，小声念也可以，这些方法都是功夫的调适，视自己精神气力如何来使用，能念得自如就好了。但在大众中就要随众，是有板有眼的，不可以人家慢你要抢快，人家快你要慢，没有转弯的地方，你又多一个弯子，那都不好，要大家异口同音才容易收摄身心，使身心静下来，不要妨碍了别人。

至于金刚念，就是只有唇舌在念，而你旁边的人都听不到；若唇舌都不动，只在心中念，这叫默念。默声念并不是无声，因为虽是不出声，但自己心中念得字字分明，也听得明明白白，意中佛号也仍观得清清楚楚的。而无声念是一般懈懈怠怠的人，虽没有昏沉，但却就是心不在焉，停下来不念了；因为你心中没有念佛了，而是在打妄想，那不但见不到佛，而且会随着你的妄想升沉。至于默念虽然是无声，但你要是念得相应的话，那是"无声声如雷"；你若散乱心，虽大喊大叫，"口念弥陀心散乱"，那是"喉咙喊破也徒然"啊！那样念法，今世是没法相应的，只种来世善根罢了。

如何使意业相应？就是你在念佛的时候要注意，把当下的这句佛号念得清清楚楚、明明白白；就这样百念千念万念，中间若有一句散了、走了，不要理它，你再相续无间地念。如此念佛时间久了，必能念得身心自在，不昏沉又不散乱，那功夫已经上路了、相应了。相应时是"一念相应一念佛"。佛功德不可思量，请大家在这地方好好用心。每一声都是这样念，能如此念，每一声佛号三千大千世界都能听到；声音可遍三千大千世界，这功德是如何的大啊！不，不算大，若能"念念相应念念佛"，则十方佛国所有佛都能听到，如此一声佛号，音遍法界，这功德才真的大啊！请大家至心念，若空过时间，太可惜、太可惜！

## 佛取不尽用不竭

我们开眼看佛像，再闭眼观像，那是观像念佛。我们眼睛睁开时看得清清楚楚，闭眼时也如同睁眼一样看得清清楚楚，这叫作"观"。现在我们是持念名号，那怎么样观呢？观就是观照，也就是注意、集中心力；现在观佛号就是指注意听念佛的声音，用耳根听观，如果口念着佛号心却没听到，让佛号跑掉没收摄回来，这就是没有观照、观听。闭眼看叫作观，所谓反观，念佛人将佛号音声听回来，这就是反闻观音，此是用耳根修法；声声佛号听回，此是忆佛念佛。圣号是弥陀佛，耳闻是观世音，忆念是大势至；如此念佛人是取西方三圣为所正观境，正念法应知。

这句佛号是从哪来的呢？是从心中来，如涌泉一般由心中自然源源不绝地涌上来。俗云："取之不尽，用之不竭。"这句佛号是由心中自然而来，永远没有尽的时候，你一念，它自然就来了。好像井水，你不取用，它不会溢出来；你用它，它也不会干枯的。

"取之不尽"是自性中佛，"用之不竭"是这句佛号的音声可以永远传遍十方；以科学家的证明来说，事实也是传遍十方。如何说呢？就是"指动太平洋"，你把指头朝太平洋一插就有浪的波动延伸出去，由东岸一直延伸到西岸，虽小小一个点的振动作用就可传遍整个太平洋。同样的道理，我们念佛时，弥陀佛的功德是证遍法界，所以这句佛号也是圆证法界，可说这句圣号就是法界，法界就是圣号。所以我们在念佛堂里念佛，不只是佛堂里的人才听得到，而是在其他世界也都听得到。佛证遍法界，则十方诸佛皆能听到我在这里的念佛声。

那么，我们为什么听不到其他地方传来的念佛声呢？因凡夫的耳根所听有限，这就好像聋子当然是听不到打雷声音的；若像观世音菩萨耳根圆通，十方世界有什么微小音声听不到呢？而且六根圆通，则耳朵不但能听，还能够看、能嗅，也能尝。我们现在不能六根互用，关键在哪里呢？是因六根中塞满了六尘，尘不除尽，如何能听啊！更重要的是我们心都在散乱中，要不然就是昏沉愚痴。要使心不散乱，你就当注意听自己念佛的声音，这句佛号既由心中自然而来，所以还是自然而去。你就谛听当下这一句就好了，在这上面站住、钉住、稳下来，百念千念万念都是这个样子，千万不可大意！

## 念佛利益可成佛

我们念这句阿弥陀佛圣号有什么用呢？能消我们的罪障，增长我们的福慧，并且能救度法界一切苦恼众生啊！念佛能够开智慧，所以大家一定要用功，并不是叫你坐在那里口中闲闲地念，而心仍是如猿马一般乱跳乱蹦啊！

念字有一"心"字，你不要忘记了要以心来念；当我们心念静下来就听心中念佛的音声，念念把全部精神住在那一句佛号上，六个字都听得清清楚楚。到最后身心静下来时，连六个字也完全没有了，整个法界不分哪个是我，哪个是佛，到了佛我一如了，到了不分物我，进入世界大同、无争的佛国了。唯有念佛人才有如此最净乐。

初上来你还要用心专注于阿弥陀佛圣号，这是以净止染；用功不如此的话，怎能消得了染情妄念？以这句圣号的功德，就能消你无始来的罪业，洗清烦恼执着，因这一切罪业烦恼妄想，都是虚假的。奈何凡俗迷惑人，在虚妄烦恼中永不觉悟呢？

佛法时常讲要开般若慧、要发大菩提心、要有大悲大愿、起大行，那么我们可不可能做到像文殊菩萨的大智、观世音菩萨的大悲、地藏菩萨的大愿力及普贤菩萨的大行呢？我们本身是没有这个能力做到，但如果仗他力也是可以做得到。那是仗什么力呢？就是仗阿弥陀佛的功德之力。

我们凡夫本身苦恼无量，自己没有功德可布施给人家，但是阿弥陀佛是大慈悲父，他的名号具足无量功德，一句圣号包含一切福慧；所以我们将念佛的功德回向十方一切众生，就是行大布施；如同我们自己没有钱，但可拿父母的钱来救济人家，这多么方便！用不着你自己拿钱、饮食、衣物出来。

这一句圣号就如太空一样，山河大地无量无边的星球都在太空之中，没有离开太空；一切六度万行无量无边的功德皆收摄在一句圣号中，这是因为阿弥陀佛于无量劫中修六度万行，所庄严而成的一句果德圣号。这就好像制药的人，用百种药草精炼成一小丸，你吃一粒百草丸就等于吃了百种的药草一样；所以大家念佛应该要知道佛功德之大，才不会糊糊涂涂，如婴孩吃母乳，不知乳的营养，也不知要如何报父母恩。要知道，这一句阿弥陀佛的圣号，就能养我们的法身慧命，如婴孩只要好好吃母乳就能一天天长大、长得白白胖胖的。我们只要天天念佛，自自然然地就能罪障消、福慧增，这是我们自己用功就能得到的功德，不需向别人乞求。

我们也要有观世音菩萨的大悲愿啊！你不要只顾着自己长得白白胖胖、长得高大，你也要一切众生都能长得高大，要一切众生都能消愚蠢、离苦得乐！那么这一句佛号要如何念呢？你只要把"南无阿弥陀佛"这句佛号念出去了，这法音即可遍十方界，每一众生皆能闻、能感受到这句圣号的功德慈荫，你念这一句佛号就是大布施，普施一切众生。但是这个你就必须"作意"来念佛，作意就是要用心，要用虔诚恭敬的心来念，那就必有感应。

## 断疑生信往西方

佛法讲唯心，"心即佛，佛即心"，你心想佛，你就是佛；心想到杀盗淫，也就是"心即地狱，地狱就是心"。《地藏经》中所说的八寒、八热、无间地狱，这些地狱都是心变现的，是你造的业报所感的。如造杀盗淫、污僧伽蓝、破坏人家的善事、助人行恶，这些恶业都是心想心造的，心造地狱就心感地狱。地狱既是心造的，阿弥陀佛的佛国也是心造的；阿弥陀佛为什么要造国土？为了成就有个国土，使苦恼众生可以到那儿去，不必再受轮回之苦。因为阿弥陀佛成就了极乐世界的清净国土，释迦世尊知道那里清净安乐，所以叫我们要去那里。

要去啊！怎么去呢？念阿弥陀佛就可以去！阿弥陀

佛有发这个愿：若有众生闻我名号，至心信乐，想生极乐世界者就可得生。这是弥陀的愿，所以要往生并不是如何难的事情。大家听了应该要有坚固的信心，增强自己的力量；信仰就有力量，有了力量又能增加信心，互相增长；信心足，就能修得圆满，必能当生成就往生。有些人信心不足，以为念佛没用；或者怀疑是否真有西方；或自认业障重，生得了西方，成得了佛吗？这可糟糕了！因你这么一疑，就是一种大障碍，疑是根本烦恼之一呀，大家一定要断疑生信，佛陀亲口告诉我们，念佛就能够往生西方，一定要深信佛陀告诉我们的，决不会错的。

## 污僧伽蓝罪难消

前面说到"污僧伽蓝"这句话，"伽蓝"就是僧团所住的地方，如佛陀的祇树给孤独园，那就是叫伽蓝园，像我们现在住的寺院——灵岩山寺也是伽蓝。而我们晚课都有唱伽蓝赞，就是赞叹护法神，护持我们的伽蓝——寺院。

从广义来说，修道的地方你把它弄得变成非道场，在这儿破坏道场的道风，把这个地方弄得不干净又不名誉，不守规则，搅群乱众，因你一个人而使大家不安，这都是污僧伽蓝。从狭义来说是指男女间不清洁之事，在此也不详说，只请每人有正常观念：一切男女是过去的父母，亦是未来的诸佛，你敢于诸佛父母起非法之想吗？即使是夫妇来到伽蓝，只可修净法，不可有污僧伽蓝之事啊！

总之，到了道场就是要无条件地修道，就是要使人家的道心增长，使人家的道行能够精进，千万不要障碍人家。希望我们这个道场是永久清净的，清净的道场才是个选佛场（造佛工厂），才是大慈航，度苦海众生。这必须靠我们四众弟子共同遵行佛戒、守护祖规了。

请大家必定要念佛，同生西方。此生决定同生西方，千万不可再蹉跎了啊！一失人身，万劫难复！当心啊！

# 9 佛七圆满开示

*修戒恭录（一九八九年九月十二日午斋）*


## 但念无常慎勿放逸

恭喜诸位！你们有福德因缘参加七天的佛七，于此功德已全部圆满结束。有如是因，必感如是果；这是出世之因，将来我们大家必定离苦得乐。并将此功德回向一切众生同得解脱。

方才维那师呼唱警众偈，那就是"是日已过"，这个佛七的用功，是日已经圆满了，我们所得到的功德是不可思议、不可限量的；可是我们的寿命已减少了一天，所以说："命亦随减，如少水鱼。"鱼要靠水才能生活，要多水才能游运自在，若是水少决定不能动，甚至要挺着肚子晒太阳，那只有被人捉去给人吃了！好惨痛啊！

大家过年时都说："恭喜！恭喜！你又增加一岁了。"

实实在在你已减少一岁了！增加一岁也就是你见阎王已经快了，所以"斯有何乐"，你快乐什么啊？有什么快乐的？所以我们凡夫要是有智慧的人，应当"但念无常，慎勿放逸"，就是要常常念着如何解脱生死。我们人命无常，你不会长命百岁，时时处处都有生命危险！所以学道之人要常惊惧生死大苦，慎勿放逸。

你生死未了，一旦无常到来，那"阎王要你三更死，谁能留你到五更？"我们佛弟子要有这种觉悟，时时要"但念无常"。否则你的道业还未成就，那生命要是结束的时候，到哪里去了？到阎罗王那里去啊！那太惨、太可怜了！

我们佛弟子要到佛陀面前报到，万不能到阎王那里去吧！再一次恭喜诸位，你们能够来山参加佛七，请将这佛七的功德，大家尽此一报身，都要到佛前去——到阿弥陀佛面前报到。祝福诸位发大愿，此生决定同生西方极乐世界，同见弥陀同度众生。

## 厌离娑婆欣求极乐

少水之鱼当然是苦，那么大海多水，鱼就优哉游哉很快乐吧！可是"三界无安，犹如火宅"，鱼在大海不侵犯人，但是世间恶人还是要用网入海捕它。鸟住深山与人无争，也有打猎的人捉它；它飞到空中，有天罗难逃，本以为可以无侵无犯，怎知在这个世界终究还是没有安身立命之处。我们何尝不有这种种恼患之苦呢，所以一定要求生西方极乐世界。总之，生在这世间不论你如何高贵，都是免不了以上所说的一切众苦啊！

人在海中捕鱼，造杀业，那还是少数沿海人民，可是广大深海之中一切水族众生皆是互相吞啖。所谓"大鱼吃小鱼，小鱼吃虾子，虾子吃螺蛳"。而山中之飞禽走兽也是如此恶毒！再说我们人间还不是一样，小而国家，大而世界，种种斗争，永无安宁。你到哪里找到清凉地？哪里有安乐地？有的是"人在家中坐，祸从天上来"。大家若实实在在明白了，就应该要厌离娑婆，那你求生西方极乐世界的心才真正深切。

你在这世间有苦而不知苦，反以为乐，真是颠倒众生、愚昧凡夫，夫复何言！唯有去凡情念弥陀，生到西方才靠得住，到了西方入莲池海饮八功德水，长养我们圣胎，就能身心清净一切自在。在莲华中，没有外敌来侵犯，那是多么寂静安详；这都是仗阿弥陀佛慈悲的功德来成就我们的智慧、福德。在人间海，你掉下去就淹死了呀！这苦乐二海你应知趋舍了吧？所以大家不要仍在人间尘劳中鬼混了，混不得的！难得闻到佛法，闻了就要信，信了就要改造，就要求好的。我们佛七的每天晚上都有大回向，回向到哪里去？把我们自己的功德都回归向西方极乐世界，这才不空过不徒劳。

## 欲得好果勤修好因

到此，我们这个佛七仗三宝慈悲加被，暨诸位内外发心护七的辛劳，总算圆满了。大家初来时心中或想：唉！这七天好苦啊！不知能不能打七天。而今还不是安安乐乐地过了？此时大家应该都有无上的法喜吧！我们灵岩山寺每个月都有佛七，每年都有传戒，届时请参加。你们要想一心往西方，而且生西方品位要高，那要继续不断地精进修习。希望你们入宝山要多带些宝回去，切勿懈怠而致后悔莫及！

你千万不要说："我来打个佛七已经很不得了了，家里好多事要做呢！下个月没时间来了。"你没时间来，那看看你生病时有没有时间？有病时还能不管不医它吗？诸位！实而长久以来你的病没有好啊！时时刻刻都在害病！就是贪嗔痴三毒的大病啊！这个病不赶紧医好，你到何时才得空？你又何时才得将家里世事纷繁的事全部办好呢？想想看！是你的生死大事紧要，还是你的俗事重要呢？

我们这个三毒的病，一定要求无上的佛陀大医王来医治才能好，佛弟子这点应该要知道。祝福诸位！要得好果，就要修好因，修好因必感好果，那就勤修戒定慧，息灭贪嗔痴吧！又应当知：修行以念佛为稳妥、为捷径、为圆满。南无阿弥陀佛！

# 10 主礼龙善寺佛七中开示

修戒恭录

## 第一天　　　　（一九八九年十一月二十二日晚）

我们佛弟子做事情，能用最少的力量而得到功效最大的，就是念佛、礼佛，所谓"礼佛一拜，罪灭河沙；念佛一声，福增无量"。既然一拜佛、一声佛能灭罪无量、增福无量，那么，我们就应该要好好地把握，千万勿将时间空过啊！希望诸位多努力精进，加强自己，将无益的事情放下；那些无益的事你去做，只是白吃苦而已，不但吃苦还反增苦，没有什么好处的，那是没智慧的人才做那些事。有智慧的人，应该依照佛陀所说的法，勉力修行。当然八万四千法门，于此末法时代，最至高无上、最有效、最迅速的就是念佛、礼佛；其他的经典也告诉我们要以念佛、礼佛为主！

## 懈怠堕落常行精进道业高升

身为佛弟子，如果在家需要维持家庭，负责家中一切事情，就像一般中年人，上有父母，下有儿女，既要孝顺父母，又要栽培儿女，如果他本身没有福报，他就要凭自力，努力辛苦地忙着工作赚钱，才有可能来栽培儿女，孝顺父母。说起来，实在是够累、够辛苦的了，像这样的辛苦，还有可能谈到修行吗？就算晚上可以抽出时间来修行、拜佛、念佛，但是精神也不够了，精神不够也无法用功啊！

但在此你们大家要注意！千万不要因为精神不够就不用功，反更应勉力打起精神来，仍然要拜佛、念佛。为什么你精神会这样不好？为什么会这样辛苦呢？要想：唉！今生这样辛苦，就是因为没有福，没有培福啊！若再不趁这个时候好好培福，那究竟要苦到什么时候呢？所以要好好打起精神来修行。初上来，拜个三五拜、十拜、八拜的，当然就觉得辛苦，但只要你心静下来，发一至诚之心想拜，告诉诸位，你拜下去什么辛苦都没有了，还可消除疲劳，精神反而好得很呢！

你千万不要想：我一整天已经忙得很辛苦了，要好好休息才对。你就懈懈怠怠的，回家把腿跷起来，抽支烟，打开电视想消除疲劳，那都是凡夫俗子。完全没有闻佛法的人，精神没有寄托才这样做；已经闻到佛法，精神有了寄托的佛弟子，在家就要好好把家庭当成道场，精进用功才对啊！希望大家要突破凡情，不可永远这样懈怠下去，那苦恼死了！那要苦到什么时候才能解脱？诸位在家居士！你们自己心里想一想，有智慧的人，要仔细的思惟，思惟！

## 以修行功德利益下一代

我看在座诸位都是年纪较长的，当然你们过去一定也吃了不少苦；但各位总是在前生有慈悲之心、放生之心，所以才感今生寿命长，老来还可以修行。既然老来还可以修行，又已经没有家庭之累，那些家务事，"儿孙自有儿孙福"，你就不必管那么多了。

老菩萨们！现在家里并不需要你们来做事情，就算儿女要你们做事，你已做了一辈子了，还要做吗？你们自己应该好好努力用功，将此功德回向他们，使能信仰三宝、护持三宝、恭敬三宝，将来同生西方，这样对下一代才是有利益的。

你千万不要无端地还想理会一些家务事，不要老是挂念儿女、挂念家里，甚至嫌东嫌西；儿女是不喜欢你啰啰唆唆的。即使你说的是为他们好，他们也不听，那有什么用？对你而言，是没有好处的。真的为儿女好，就要老老实实地拜佛、念佛、修行来回向他们，什么都不要理会，免得自讨苦吃啊！

## 念佛拜佛是消业障除病苦之妙方

年老了身体难免会病痛，虽然有病痛，但还没有病到躺在床上，还可以走动；既然还有精神可以用功，尚有夕阳余晖在，然所剩时间并不太多了，那么应该要怎样好好加强自己啊！过去既已过去，过去不懂怎样修行，现在就要好好把握时间用功啊！

以拜佛来说，现在的人，尤其是老年人总是难免会觉得很辛苦；有些有风湿、腰酸、腿疼，那拜起佛来就会更加辛苦。但是愈是有病愈要拜佛，愈是生病愈应勤加礼佛，才能消业障呀！你若是害怕病苦而不拜佛，那业障怎么会消除呢？譬如我们的手痛，你一痛就不工作，放着双手不做事也会闲出病来的。所以一切都要在动中；以念佛之动、礼佛之动来消业障，这是最好、最妙的方法。

所以，诸位不要认为念佛、拜佛是苦，要知道，什么苦都比不上病苦。我想，你们大家都怕病苦吧？当然什么人都怕！所谓"英雄最怕病来磨"，假如我们病了怎么办呢？谁代你受？虽有孝子贤孙也不能代受，别人是代不了的，只有你自己受。所以一定要趁现在没病的时候好好用功，你就拿怕痛苦的精神来用功，等功夫用上路了，业就随着转，你就不会有病。用功不上路，一间断的话，当然业障就随之而来，就会有病痛了。有了病痛当然是苦得很，那时才要用功，就苦不可言了。希望大家要多拜佛、多念佛。

## 身口意三业精进的拜佛法

讲到拜佛，若大众拜佛，你口跟着称圣号，身体至诚礼拜就可以了；若我们自己个人拜佛要如何拜法呢？在此，我告诉诸位如何拜法。早期有些人的拜法是拜下去要念六句偈还要观想，其实那是要有智慧的人且要懂得法义才行。六句偈是："能礼所礼性空寂，感应道交难思议；我此道场如帝珠，诸佛如来影现中；我身影现如来前，头面接足归命礼。"这六句偈，初发心的人都不会念，怎么还会观想？那是拜三宝；拜佛就要念佛的偈，拜法就是要念法的偈，拜僧就是念僧的偈，这三种都要观想。

现在是末法时代，观想并不适合众生之根性，我希望诸位将此方法舍弃，有个方便法告诉诸位。依我个人拜佛而言，我并不做观想也不念这六句偈，那是如何拜呢？拜佛时我身在拜佛，口还是在念佛；这样身拜佛、口念佛、心记佛，身、口、意三业均在用功，三方面同时精进，并非"双管"而已，又不打妄想。如果诸位只有身在拜佛，心一直在打妄想，那拜佛有何功德呢？当然你身在拜佛是有功德的，但因心不用功而在打妄想，污浊邋遢得很，这样子不免空过时光。

那究竟要如何将我们的心摄受得好？心要如何才不打妄想呢？我现在告诉诸位。拜下去时，我规定每一拜佛要念十句佛号；若拜阿弥陀佛就念十句阿弥陀佛，若拜观世音菩萨就念十句观世音菩萨圣号，有的人喜欢拜地藏菩萨，当然也可以。但我们专修净土宗的人是以拜观世音菩萨、念阿弥陀佛为主，所以我们还是以"一佛一菩萨"来修行最好。

如何称念这十句阿弥陀佛圣号呢？就是拜下去时念三声"阿弥陀佛"，头至蒲团翻掌时念三声"阿弥陀佛"，身体从蒲团要起来时再念三声"阿弥陀佛"，最后一合掌时念一声"阿弥陀佛"，这样三、三、三、一，共十称阿弥陀佛。

念的速度又如何呢？念的方法与平常打地钟、小鱼子的速度一样；如果你习惯念快一点也可以，习惯慢也可以，快、慢是没有拘束的，随自己的意思就可以。当然也不可念太快、拜太快；像有些地方打佛七，一天拜四五千拜，说起来，拜佛太快是很不恭敬的。若是一个钟头拜四五百拜就太快了，也很不恭敬。大约一小时拜一二百拜为适中。

## 凡情不舍道业难成

这样一边拜佛，一边念佛，加上心中记数，把佛号记得清清楚楚的；人在拜佛，心也在佛堂，如此哪有功夫不成就的？哪有不往生西方的道理？到时阿弥陀佛一定会来接引。诸位要具足此种信心，有此趋向功夫就用得上，用得得力；如你心没此趋向，散散漫漫的，怎能用功？想用功也用功不起来。

你不用这种方法用功，那你人在佛堂内，心也不知跑到哪里去了；心在想家里太多太多的事了。年老的人想他的孙子；做生意的人想订单什么时候来？既然已经来到佛堂，还有什么事情比拜佛、念佛重要呢？我们佛弟子修行才是最重要，了生死才是最重要啊！当然生活要安定，如果衣、食、住不安乐，那怎么能好好修行呢？孔夫子说："朝闻道，夕死可矣。"何况我们是修道呢？修道就是要舍命！哪还能顾及其他的凡情？凡情不舍，道业永远不会相应。

## 理事并进不可偏废

身、口、意三业，就犹如宝鼎的三足一样；三足缺少一个，那宝鼎就不会站得稳。我们修行用功也是要三业同时并进，你有身、口在用功，心不在也不行，心是最重要的；有心当然身、口也不能废。所以要理、事并进无碍，才能得到圆满的果。要感圆满的果，就不能偏于一方，事相上没做到是不成的。

你们不要以为这事相皆是假的就不重视，当然是假的，但假有假的功用。就像茶、饭，这当然都是假的、都是幻化无常的；但要知道，正因它是变灭的，所以才有转化的功能。如果这茶是实实在在、恒久不变、永远是茶，那就不能变化，则我们吃到肚子里又有什么用？

佛法讲假的并不是指一切都没有用，虽是假法还是要将它修好；就如渴了要喝茶、饿了要吃饭、困了还要睡觉，但在茶、饭、睡觉上不能贪、不能迷，要用得恰到好处，这就对了。

## 善用色身利益一切人

以我们佛法最重要、最普遍的来说，我们这个身体也是虚假无常的；但众生因迷妄颠倒，以为这个身是实实在在恒常的。怎么会是恒常的呢？人最多能活上一百岁就已经很少了，何况活一千岁？那是不可能的！佛经说："人命无常，国土危脆。"千万不要在"身"这方面贪恋。也不要以为它是假的你就不管它、不顾它，而是叫你假的要善用，要你在这里好好利用它来修善，来利益一切人。你不要无端空忙，忙得最后双手空空带着罪业去见阎王，那就忙得好冤枉呀！

我们每个人都有一双手、一双脚，有口、有眼睛，是要用它来利益一切人；为人做事、为人说话、一切为人，这样我们这个身体才有价值。如果只有顾自己，自己心中却没有别人；甚至你用来作恶、损人利己，那你本身就太糊涂、太愚痴。要知道，利益不了人就会害自己，我们能利益人才能利益自己，你害人才是害你自己。这道理你明白了，才不会害人，才会去利益人；利益人虽然很辛苦，但是有价值的。

## 虚云老和尚的苦行德泽模范

身既然无常，我们应侥幸现前还有此身，那我们就要多多利用这个身体；说回来还是要大家多拜佛、多念佛。我们要向前人看齐，这前人不要说得太远，就以广东南华寺大家虽没有见过但也听过的虚云老和尚来说，他确乎是现代的老和尚王。

虚云老和尚在育王寺挂单时，每天拜舍利子三千拜。育王寺在宁波，供奉佛陀的真身舍利。虚云老和尚住此，每天除上早晚殿、过堂外，整天就全拜舍利子，当然是昼夜无间断地拜；休息是有，但那休息不是躺在床上睡得如死人一样，而是不倒单，心还是保持精进用功的态度。

## 功夫用上路拜佛得自在

大家听了老和尚这样精进，认为怎么样啊？以为这个老和尚扣除上早晚殿，还要过堂、休息，怎还有时间一日三千拜？这不是好辛苦吗？其实不是像你们所想的那样子。告诉诸位！初用功当然很辛苦，一旦功夫用上了路，不但不苦还快乐呢！就好像我们要推动车子一样；车子本来停着，刚要推动就要用劲力，但一推动了，就不必费多少力来推了。

初上来，所谓"万事起头难"，那就要加紧力量，咬紧牙根；不管腿怎么疼、腰怎么酸、口怎么干都要克服。你若拜佛习惯了，那自自然然就愈拜愈快乐，自然可得到寂静清凉、轻安之味，甚至得三昧、一心不乱也可以。但这是需要假以时间长期用功用上路，并不是急急忙忙地拜，懈懈怠怠的，计数也不能赶时间的。

好像我本人，在香港闭关时的用功，功夫已经用上了，当然一点也不辛苦。来到台湾，为了创建丛林——灵岩道场，又接触信徒，忙得都没时间拜佛；长久不拜，你们现在看我拜佛，就好像没拜得那么轻安、自在。尤其这个腿有风湿又贴上药膏，拜佛更不方便，说起来有病确实苦呀！不过我以前功夫已用上路，只要一切万缘放下，不再忙这些，那么一礼佛又能得到寂静之乐。

## 发大惭愧心用力忏悔业障即消除

有些佛教徒常生病，当然有病就要看病，假病也要假药来医治。《金刚经》也提到：一切法皆是佛法。佛法也是讲缘生缘灭，所以生病也要药物来医治。但有些病苦吃了药也治不好，那就不要再浪费金钱与精神了，这是业障病。诸位若是有病治不好就要发大惭愧心，虔诚地礼拜观世音菩萨。

我在香港就见到有位法师受到病苦，药也治不了，最后发心拜观世音菩萨、大悲忏。初一二天，刚拜下去就倒地爬不起来，但他又挣扎起来再拜；这时他生大惭愧，跪在观世音菩萨像前，痛哭流涕，忏悔无始劫来所造恶业，致得如此重病。他一天天至诚不间断地拜佛、求忏悔，直到最后，什么病都没有了。

在台北也有一位女信徒，她得了一种病，到台大医院检查的结果，诊断出仅剩三个月的寿命。当她听到自己只剩下三个月的寿命时，就一切万缘放下，同时交代她先生，在最后三个月内，她要留在楼上佛堂。因为她本身是佛教徒，家中有佛堂，希望在三个月内，专心礼拜阿弥陀佛，祈求阿弥陀佛接引她往生西方极乐世界。

说真话，她就是等死；所以她也不接见任何人，连儿女也不见面，就自己一个人，一心忏悔礼拜阿弥陀佛。到三个月后，她不但没死，而且身体还比以往好。她先生觉得很奇怪，不放心，又带她到医院检查；医生一检查证实没病，也觉得奇怪，怎么三个月的命没死，而且没病了？这是一件确确实实的事情，这个人现在还住在台北。

佛法说："一切唯心造。"善业是你心所造，恶业也是你自己心所造的；既然是你心所造，那要克服这些病业，这就好像你要和敌人战斗一样，就看哪边的力量强，哪边就胜了。如果你的心力较弱，你就会被敌人降伏；如果你的心力较强，你就有能力来降伏敌人，消除恶业。

所以如果你有病苦无法医治，这时你要和这些敌人战斗，你就一定要咬紧牙根，打起精神来，打破牙和血吞，你若有这种精神，哪有业障不消的道理呢？因为一切皆是自己造的啊！是你自己所做，那就自己好好忏悔啊！诸位！听到这里，要好好听清楚！你自己所造的，你就自己好好来忏悔，用你的心力好好战胜过来。

## 顺因果依缘起时至即感应

所谓"如是因，如是果"，你真正下了功夫，绝对是皇天不负苦心人；有什么因，必定感什么果。如果你有心要往生西方，只要造了往生西方这个因，你就绝对会有感往生西方的果。阿弥陀佛大慈大悲，他是真语、实语者，他绝对不会开空头支票的。当然你自己要想一想，你是不是真实地发心要往生西方？你一定本身要修因，才能感果啊！有感，才有应啊！

佛法讲缘生法，佛陀本身也是修因而感果的，不是天生就是佛陀；一定是依着缘起法，有什么因缘，就感什么果。你千万不要说：阿弥陀佛大慈大悲，应该保佑我病好，怎么我的病没好呢？也不要认为，阿弥陀佛大慈大悲，应该拉大家都去西方。阿弥陀佛确实是大慈大悲，要拉你去西方，但也要有因果；你不顺着因果，不依因果来做，怎么感果？有这个因，才能感到这个果啊！一定要依照因果来做啊！

我们佛法超胜一切宗教、一切学术，就是这个缘起的道理，佛陀所悟的也是这个缘起，佛陀所成就的也是这个缘起啊！一定要依佛陀所教导的这个缘起法来做，千万不要心存侥幸——"阿弥陀佛一定会来接引我往生西方"，但是你要念佛！除了念佛，还要拜佛，也要持戒啊！如果你单单念佛而不持戒，这样也无法往生西方；只要你能够持戒念佛、念佛持戒，这样绝对是万修万人去。

## 决定舍身命依教奉行

诸位！大家听到这些话，又是特地来听，希望诸位听了一定要勉励自己做到。"佛法难闻今已闻，佛法难信今已信。"你们应该好好依教奉行；不奉行那就等于没有闻到、没有信一样，那就失之交臂，实在太可惜了。

大家想不想往生西方呢？若想，那没话说，一定要念佛，念佛才能往生西方。我们现在就来办这件事。好！念！"大声念见大佛，小声念见小佛，不出声念见不到佛。"好好地念！

# 第二天 　　(一九八九年十一月二十三日晚)

昨天晚上已告诉诸位拜佛的方法以及拜佛的功德，今天要告诉大家念佛的方法；念佛要如何念？为什么要念佛？希望大家提起精神来听念佛的道理。

## 十念记数的念佛方法

昨晚提到，礼佛的方法是每拜一拜佛，称念十声阿弥陀佛，以此记数法才能止妄想；因为心无二用，一记数就不能打妄想，所以要止妄想决定要记数。我们念佛也要记数才能念得好，如何记法？

初上来，先记三句阿弥陀佛，这"一、二、三"三句佛号，每念一句就记一句，要口念得朗朗爽爽，耳听得清清楚楚，心记得明明白白。经过一段时间，这三句佛号你能记得很平稳、心不乱了，再加"四、五、六"三句佛号，六声一记。等到每一句都能记好、清清楚楚、不错乱了，再加"七、八、九"三句，使佛号累加到九声一记。等你九句也能念得好，记得清楚了，最后再加一句，到十声一记就行了，不要再多记。

我们拜佛是弯身时念三句阿弥陀佛，翻掌时念三句，起身时念三句，最后合掌再念一句，总共一拜佛是十声阿弥陀佛。念佛也是一样，初开始是念三声"阿弥陀佛、阿弥陀佛、阿弥陀佛"，再念三声、三声、一声，总共是"三、三、三、一"，一次记十声阿弥陀佛。

你可以用念珠念，也可以用按手指来记。若用念珠就每念三声佛号拨一粒念珠，你不要念一句拨一粒，这样一粒粒拨过去很容易打妄想。我们用功念佛一定要用心念，用功这"功"字一定要"工"上加"力"才行；要发至诚心、起惭愧心，记得好好的。照这样三声拨一粒，再慢慢增到十念一记，用此方法就能对治妄想了。

这记数法是依教理所言，不是随便乱说的。在佛经里提到："多散众生数息观。"散乱心重的人可以数呼吸来对治，只数出不数入；即每呼一口气数一，吸气时则不记，如此由一数到十为一记，用这种方法可对治散乱、除妄想。这是小乘修法，只能止妄念；而我们现在念佛，以十念法来记数，不但能止散乱，还有无量无边的功德，所以大乘的念佛法最稳妥最殊胜，我们应该选好的来做。

## 须臾离念佛之心　刹那即三途业因

念佛时偶尔也会有妄念起来，但这小妄念没有关系；就好像在海中行驶的船只，难免会起小风浪，却不妨碍行船。尤其现在船有马达，以前都是用篙、桨、帆来划行；我们现在念佛，仗阿弥陀佛的功德就如有马达一样有力，偶尔有小风浪也没有关系，仍能使我们安然到彼岸。

但如果船遇到大风浪如台风、飓风，那就危险了，勉强航行是会翻船的；如同你起了很大的贪嗔痴三毒，那就要想方法对治了。遇到大风浪时，就要赶快将指南针扶正，把船头转正；你恶念一起，就要赶快念佛——阿弥陀佛、阿弥陀佛……把念头转过来，否则佛道之路就走错了。记住！只要路线一走错，掌舵的要赶快转过来，要掌稳，一歪就再转；你以此方法来念佛，就可到达目的地。

我们要如何避免遇到大风浪？亦即起了贪嗔痴三毒之念要怎么对治？比如贪欲一起就赶快从床上跳起来，

动一动，马上起大惭愧心，向佛陀磕头礼拜，想想自己为何业障如此深重？好的不会想，就想这些恶念呢？这都是前生恶业太重、染习太深了。也想想自己究竟有何了不起？凡夫众生总以为自己了不起，总认为别人都对不起你；自己有多大功劳，别人都没报答你，所以才做个苦恼众生。你若想将凡情斩除，那只有好好地念佛。

古德有言："须臾离念佛之心，刹那即三途业因。"《地藏经》也提到："南阎浮提众生，举心动念，无不是罪，无不是业。"所谓"万法唯心"，你心想佛，你心即是佛；你心想杀盗淫，你就造三途地狱之因。身为佛弟子就应该好好念佛，要把心掌握住，随时提起佛号。

诸位初学佛的，如同小孩子不能完全上轨道，这还情有可原；但久修的，如同大人一样就一定要守规则，甚至小妄想也不任它起。能这样做，功夫一相应，道业哪有不成就的！总是要慢慢一步步学好。

## 末法持名念佛最为稳妥

本来念佛有四种方法：实相、观想、观像及持名念佛，现在前三种都不说，因为现在是末法时期，一般人做不到。所以我们拜佛不要观像、观想，念佛也不必观想，只要至诚心持佛名号就好。持名念佛也是印光大师所倡导的，执持名号就是口执持阿弥陀佛圣号，念念在口，耳朵听得清清楚楚；心里记数，记得清清楚楚；如是百千万念无间断。用功夫，你走这条路，依此方法以毕命为期，不要其他花样，这样道业哪有不成就的？

你若要观想念佛，除非你对教理非常明白纯熟，否则那种微细的境界，根本无法观想到。经中告诉我们要观佛的三十二相、八十种好，你知道佛的三十二相、八十种好究竟是什么样子吗？你不知道，如何去观呢？还有佛的"无见顶相"也很微细，经中也说有"千丈如来"。又阿弥陀佛"绀目澄清四大海"，但是因为人的智慧浅薄，根本无法理解，又如何去想呢？

而且如果你的业障较重，观想时所见的可能不是佛，而是魔，诸位能了解吗？这点一定要注意。你以为你见到佛了，难到真的见到佛吗？如果你的业障轻还有可能，若业障重，所见的可能是魔啊！那到底所见的是佛还是魔？在这里，我们要将指南针放正，不可有偏。

有一点很重要，诸位若见到佛时，感觉身心很安然、寂静、清净、吉祥，这就对了；如果见到佛，身心无法安静，感觉不定、污浊混乱得很，则所见的不是佛而是魔。你平时念佛或做梦时感到心不乱、心在定中才能见佛；如一盆清水才能映天月，若是浑水，怎么能映天月？所以一定要内心清净才能见佛，这道理诸位应该要明白、记牢。

观想有一种最直接的方法，如现在这里有七如来像，你眼睛看了像，拜下去再观想这个像，这是最直接方便的观想。但最重要的，我们还是以执持名号为主，所以观想、观像等方法就不必用了。

## 心想佛心即是佛

方才提到要内心清净才能见佛，怎样叫清净？所谓清净，就是不为财色名食睡这些五欲所染污。说到一般人，心所想无非贪嗔痴，身所造无非杀盗淫，这样如何谈得上清净？如何往生西方？不可能的。

我们这个心非常重要，决定要好好把握、掌稳。就好像小孩子在捏泥团，将它捏成什么相，它就变成什么样。你将它捏成佛相，它就造出一尊佛陀，将它捏成罗刹、老虎、毒蛇，那么它就变成罗刹、老虎、毒蛇的相。我们现在在这里念佛，就是要将凡情转为佛念，所以心要想佛，你心想佛，你心即是佛。所以说："心想佛时，是心即是三十二相、八十随形好。"我们心想佛，我们心就是佛，念佛就成佛；如果你心想贪嗔痴，你心就是三途地狱。道理就是如此，你以为深奥吗？一点不深！只是你无上进之心啊！

所以佛法教我们要往好的方面想，千万不要想坏的。你若随着坏的妄想一直想下去，这些坏事就会成就；相反地，往好的事情想，那些功德就会成就。世间就有为财、色而发疯的人，这都是心所想成的。想财想疯了，在路上见石子、瓦砾都看成是金子、银子；想色的念头想到发狂了，见到异性就想抱。众生的心真是可怜！就想不到好的，尽想坏的，夫复何言！

身为佛弟子，就要好好念佛，这个念就是想念；我们要想清净的，佛就是最清净、最至高无上的，所以要想佛。如果你想的都很污浊邋遢，你就会感那些恶果；我们要想阿弥陀佛大慈大悲、阿弥陀佛功德无量，希望现在好好念佛，将来大家都同生西方极乐世界，此生决定生西方，绝对不要在这苦海中，你能发这个心，立这个志，就对了。你能向对的方面发心立志吗？

念佛也要像孤儿想念死去的父母亲一样，因为我们现在生在佛前佛后的末法时代，正如同孤儿一样，只有阿弥陀佛现在说法，现在住世。所以我们想阿弥陀佛如想慈父一般；你一直想念他，一直想去阿弥陀佛的国土，你这个心就对了，如此才能生西方。你千万不要还想在娑婆世界，还想做什么有地位的人，那你太颠倒了。大家一定要好好将凡情转过来，转为佛念才能成佛啊！

你不要认为你是罪障凡夫，哪有可能成佛？所谓"心即佛，佛即心"，我们念佛是念什么佛？就是念心，我们的心就是阿弥陀佛，阿弥陀佛就是我们的心。我们人人都有心，谁没有？有心者都能成佛，只要我们念佛念成就了，也是同佛一样。虽然你是罪障凡夫，所谓"人非圣贤，孰能无过；过而能改，善莫大焉"。有过就要忏悔，罪障只要忏悔就好了，等于衣服脏了，你再洗干净就好了。怕的是懒惰，不忏不洗。请你精进啊！

## 我肉众生肉　同体名大悲

我们念佛，阿弥陀佛有大慈大悲，所谓"佛心者，大慈悲心是也"。大慈悲心即是佛种子，诸佛皆以大慈悲为心。你不要只是口念阿弥陀佛，却一点仁慈心也没有，这样念佛怎能与佛相应？怎能成佛？佛陀有大慈大悲，我们至少也要做到小慈小悲，我们不能救度众生，起码也不能恼害众生；放生之事做不到，但也不能残忍到吃众生肉！这点基本应该做到，这也是为了自己安乐啊！

有些人身体不好，生了病，中、西医都看不好，若由外在感的病，吃药还会好，假病还要假药医；但业障病就是华佗再来也束手无策，即使你爸爸是医生也没办法。有业障病，那就要自己生大惭愧，要拜佛还要吃素，从此戒口不再吃荤造恶业，业障自渐消，福慧日渐增。

尤其身为佛教徒还吃荤，多残忍！我们常说老虎、毒蛇毒，会吃人，但山上的老虎究竟吃过几个人？倒是人会吃老虎。蛇只有不小心踏到它时才咬人，反倒是人常吃蛇肉、喝蛇血。其实说来，人比老虎、毒蛇不知毒上几千万倍啊！人不但吃老虎、毒蛇，还吃其他众生的肉；吃时要用刀来割、切，要火烤，又要煎、炸、煮、炒，花样多得很，这多么残忍！比方老虎要吃你，你愿不愿意被它吃？恶人要杀你，你欢不欢喜被杀？诸位！"己所不欲，勿施于人"。要将心比心，要开智慧啊！

你千万不要有落伍的思想，认为吃素不够营养；若在四五十年前，不要说吃素不够营养，吃荤也不够营养，因为那时连饭都吃不饱啊！现在是科学昌明的时代，人反而因为营养过多而致病。尤其现代营养学家、医学家都在提倡素食；都说素食清洁卫生，有荤食的好处，而无荤食种种坏处。诸位要好好改变思想，不要再残杀众生、吃众生肉了。

有的人说："有呀！我吃早斋！"你虽吃早斋，但到中午还不是大鱼大肉大口大口地吃？这样子是在骗人，还是骗自己？佛陀视一切众生如其子，世间人若兄弟互相斗争，父母心中就不知多难过了，若再互相残杀，那叫父母心中如何了得？

## 念佛要戒杀　吃素除习气

你看！你口在念佛，口又在吃肉，你以此恶口来念佛，罪业能否消都成问题，还想得好处？这样一面修善，一面造恶，善业如何抵得过恶业？又如何能感得善报？你若三餐都吃素，才能消一些业障；何况是你只吃早斋，哪能真正消业障？大家总是要突破环境，慢慢改，要吃得清净，由早斋而午斋到吃全素。

你说："吃素不方便！"那你就吃"方便素"好了。什么叫方便素？就是到外面吃饭时，不必要求人家特别为你准备清净的碗筷和素食；有时环境不允许吃清净素，那你可以吃肉边菜。像佛教中很有名的六祖惠能大师，就是在环境不许可下吃肉边菜的。但在自己家里，你可以做主，就一定要保持清净素。

方便素不是叫你就方便吃肉，是叫你吃肉边菜。若有人问你为何不吃肉时，你就答他："我胃脏不好，不能吃。"一句话就回答了；要你喝酒，你说："我胃受不了，医生叫我不要喝。"一句话就回得干干净净，哪里非得一定要吃不可？做生意的人遇到客户敬酒，自认为不喝很失礼，其实做生意首先重信实，童叟无欺，你跟人家讲什么货样，到时就交什么货，你这样不占便宜又信实，别人自然愿意和你做生意，哪是非得一定要陪客人喝酒才愿意与你交易？是你自己没下决心要戒酒，千万不要找借口，骗自己！害自己！

做个真正完美的佛教徒，就要好好改变自己，要发心吃素，突破自己无始以来种种不良的习气，否则连业障都消不了，又怎么往生西方！

## 持戒念佛　万修万人去

我们要怎样安慰佛陀的心？首先要断恶修善。佛陀有无量无边的功德，我们有无量无边的罪业；这样无边的罪业决定要有无边的功德才能消除，所以唯有念佛能消，舍此法门不能得度。佛陀在《大集经》言："末法亿亿人修行，罕一得道，唯依念佛得度。"在此，大家决定要坚信，不论外面其他什么人，说什么法门好、哪个法门妙，一概不听，不要耳根随人转，今天念这个，明天念那个，要一句"阿弥陀佛"念到底。决定要有此定力、不移之力，如此念佛才能得好处，功夫才会进步。

念佛法门本来是万修万人去，但为什么有时念佛不能达到万修万人去呢？这就是戒行上有亏，没有持戒、没有断恶啊！你除了念佛，还要有持戒，那决定往生西方。这点大家一定要注意。

说到持戒，有人觉得佛陀为什么要制这么多戒律来束缚人？其实这就好像为什么国有国法、家有家规一样。你不要一直以为持戒是难，要知道，你守戒、守法就能得到快乐自在、平安吉祥，而且持戒有无量的功德；你不持戒就苦恼无边。这样的正见一定要有。

所以，不要以为守了戒就很不自由的样子；你只想要自由，那糟糕了！你看，我们走路都有交通规则，你若守规则，不是很平安吗？你想自由，不守规则，那多么危险！万一被车子撞到，那还事小；阻碍了百千车辆，妨碍了行人的交通，耽误众人的事才大呢！因此，念佛不能生西方，是在戒行上有亏，那要怪自己没做好啊！好像农夫种田不除杂草，雨水又不调和，怎会有好收成？

诸位千万不要怕守戒苦，要觉得持戒是最清净、最快乐的，你能抱这样的心情来持戒念佛、念佛持戒，哪有不生西方的道理？决定是万修万人去。佛陀是真语者、实语者、不诳语者，我们一定要信得及，"信为道源功德母"。

要持戒、断恶业，那一定要戒杀、吃素，否则，你念佛不持戒，到时候生不了西方，就说佛法不灵。是你自己没做好啊！佛法哪不灵？佛法之灵如桴鼓之相应；桴是打鼓的棒子，棒一打，鼓就"咚"的一响，能不能打得响，就看你的力量多少了。但你若没有手或手麻痹了，空有棒子也没有用。又像琴可弹出微妙之音，但你若没有巧指，又怎么弹出妙音？

你听别人为何弹得那么好，怎么自己就弹不好？因为别人有智慧，又下了功夫啊！若愚蠢的人又不努力，那也没办法。这好像业障太重的人，根本不信佛法，也不念佛；诸位能信佛念佛，皆是善根深厚，一定要发愿今生要做好，要持戒念佛，今生就要生西方，不要等下一世了。

## 为菩提道求生净土

大家为什么要念佛？目的要知道，为了求生西方。为什么要求生西方？为了菩提道。什么叫菩提道？度众生。为什么要度众生？为令众生离苦得乐。得什么乐？得到佛法清净之乐、无为之乐、寂静之乐、究竟之乐，这不是人间五欲之乐所能比的，也不是昏迷人所能梦想比仿的啊！

人间五欲如同咸水，怎能止渴？只有愈喝愈渴啊！人对五欲的贪求，永远无法知足；有了一百万嫌不够，一千万还是不够，总是不够。人的贪欲也如同大海水，永远填不满。所以，什么是苦？不满足就是苦；什么是乐？知足就常乐。大家只要衣食住够了，能安了，就要好好地修道，你还要追求什么？你贪求那些五欲，将修道的大事、正业给忘了，专搞与生死做冤家的事，怎能了生死！

我们知道，生死可畏，生死是大苦，了生死是学佛的目的。佛陀之超胜就是在其已了生死，得大解脱。你看，我们本师释迦世尊连大皇帝都舍了，你还要求什么？你想求其他的，那岔路太多了，交流道太多了，怎能到达目的地？要求的唯有一心求生西方，唯有直捷取向西方才是我们的目的地！

诸位菩萨们！希望你们开智慧，不要再糊糊涂涂过日子了。如何开智慧？还是要念佛。大家要精进用功，时常参加佛七多念佛，将来生西方，莲品增上。否则懈懈怠怠的，那生死难了，难生西方；就算生西方也是在下品。西方极乐世界大得很，你在下品，那到时你就找不到老和尚了，因为老和尚在上品。这是立大志向上，不可误会老和尚说大话！

## 常念圣号代佛度生

诸位！你们在回家去的路途上，要记得一面走一面念佛，所谓"念佛不碍工作，工作不忘念佛"。不论上、下班或做任何事都要记得念佛。在工作中，甚至扫地、煮饭、洗衣服，你还是阿弥陀佛地念。与人会谈，客人来时，第一句就以阿弥陀佛来招呼；客人去时，还是以阿弥陀佛来送客，这才有佛教徒的样子和气氛。真佛教徒做自利利他的功德，随时随处都有，太方便了。

很多佛教徒念佛、学佛却怕别人知道，我们学佛是光明磊落的好事，怎会怕人知道呢？身为佛教徒，我们不论什么人来，应对最好就是一句"阿弥陀佛"圣号。能时时一句阿弥陀佛，就可令众生听闻而种善根；就算他不听你的，但你念的佛号已令他种下成佛的种子，"一历耳根永为道种"，将来他就会成佛，你的功德太大了。诸位明白此道理，那随时随处就可代佛化度众生啊!

我们念佛就照以上所说的方法来做，所谓"说得一丈，不如行得一尺"。现在请大家打起精神来，好好念佛。念:

南无阿弥陀佛……

(本稿转载《观音杂志》)

# 11　对福严佛学院学僧开示

修戒恭录（一九九〇年四月二十四日晚间慧命香时说）

## 欢迎学僧莅本山

诸位师父、各位同学、各位大居士们：大家好！

今天我们灵岩山寺可说是创建三周年以来，首次有这么多出家众来参访。虽然我们念佛堂内每次打佛七念佛也有四五百人之多，乃至去年创建三周年纪念日的朝山大法会，也确乎达到不折不扣的万人以上；可是除了在念佛堂西方三圣开光时，我们曾请出家人来山礼佛受供养外，其余佛七或其他法会，大多数皆是居士、在家信众来参加，外来参加佛七的僧伽却很少很少。

说起来，我们出家人还是比不上在家众的人数多，连一半都难比，甚至三分之一、四分之一乃至十分之一都难比得上。回想我们过去在大陆的时候，丛林寺院内一律都是出家人，且动辄几百人，多数是千人以上；打佛七也都是出家人，除逢佛菩萨圣诞才有善男信女参加，但只参加白天上供，用斋后就走了，很少在寺院住宿，参加课诵。

在大陆灵岩山寺，其实每天的功课都是打佛七，哪还要特别打个七？平时我们是晨三点起床，晚九点养息，到冬季加香用功时有十个佛七，那时就早起一个钟头，晚睡一个钟头，共有十六个小时佛声不断。参加打七的居士也只有一二位，那是对佛法很有护持的大居士才能进去。相反地，才几十年后的今天，我们各寺院的活动若没有居士来参加，就显得冷清了。而今天有新竹福严精舍的真华老法师带领这么多学院的学僧来，令我感到特别欢喜，当然本山的大众也非常欢迎诸位的来临，欢迎诸位随喜今晚的慧命香及明早的早殿。

说到真华老法师，他是我的老同参，也是诸位同学的院长。早在两星期前他就已经同我联系过了；他说："我们同学来，要听老和尚开示！"阿弥陀佛！说到听闻开示，我想诸位同学们在学院里已经听了那么多老法师、大法师开示，还有教授们的指导，不但佛学、世间学都有研究，连外语外文也都学习；到这儿来要我对你们讲开示，那我真是班门弄斧。不过到底你们院长是我的老同参，所以我也欢喜同诸位啰唆一番，说得不好，你们亦不会见笑。

实在说来，诸位同学在学院里已闻法三年，就快要毕业了；我们山上都是初出家的，既没学过教观，也没听过经论，只有跟着老和尚念阿弥陀佛，所以，念佛这些道理还真希望你们下次有时间，能对我们山上初出家的讲讲开示，那倒是真的。我这并不是客气话，是以事实来说的。

## 住众剃度依古制

在我们山上住的四众弟子，其中在家二众，除了前来打佛七的居士打完佛七就回去外，其余住山的这些居士，来山的志愿都是准备发心出家的。我们这里与别的地方不同，别处是你今天来，明天就或可剃度，甚至后天能赶得上就让你去受戒；可是我们灵岩山寺并不是这样，我们还是要依着大陆的古规则比较妥当点，所以需安住一年、两年或三年才可为他剃度。

为什么要分别一年、两年或三年呢？这就看个人的根性及表现了，要能接受这种清淡的生活、种种的学习、磨炼，两三年内还要把五堂功课学会，这才能剃头，做个沙弥、沙弥尼。因为我们是专修净土法门，还要将净土五经背诵熟了，那才有资格去受戒。原则如此，不过我们现在还没有执行得那么严厉，这是因为我们是新创建道场，有时候急需要人用，所以在这规定的条件上就难免未能完全执行。不过万事都是要一步步地做好，初上来就想执死方医变症，那很多事都会行不通。当然先出家者占点便宜，以后来的人就一天天要严格多了，但出家受戒后若有懈怠、犯规，则不许共住。

## 祖风念佛如老农

过去我和诸位同学的院长都是在大陆灵岩山寺参学的，当然我们都是志同道合——专修念佛的；那么"强将手下无弱兵"，诸位同学们必定对念佛法门不但认识，应该也有相当的修持，所以实在不必要我来讲开示。不过我想大略对诸位提纲挈领说一下，使诸位知道我为什么要创建灵岩山寺，为什么要收小沙弥，乃至山上出家人的教育方式如何。

台湾灵岩山寺是依着大陆灵岩山寺的规则、依着印光祖师的道风传下来，是念佛求生净土的道场。我们这里念佛的方式就好像老农夫一样，重在实行。约五十年前，中国人很多是文盲，尤其是乡下，一百人之中找不到十个、八个男孩子读书，女孩子就绝分了，除非是官家小姐才读书。而现在教育普及，说起来，当然大家有福，不但男孩子读书，女孩子也都受基本层次的教育，女子过去就没有这种福报。

过去乡下老农夫都是生下来就是个农家子，从小就跟着他爸爸种田、种瓜；不像现在的农学士是先将书读好，道理研究明白了再来务农、种田，这样他当然知其然、知其所以然。但对于老农夫，你若问他什么是种田的所以然，他就只知道那么做，一代一代就是那样做下来，只要下了种、有谷收、有饭吃，民生问题解决了。日出而作，日入而息；半年工作，半年闲，还是过着犹如世外桃源的生活。哪像现代的人忙得昼夜不分，虽然有享受，可是人的心里却很忙碌，身子也不见得比前人健康。

我们灵岩山寺念佛的方式，也就是老农夫这个样子，并没有研究什么念佛的道理，大家就是依着古祖念佛的芳规，照着做下去，就这么念就好了。我们就如老农夫，只知道撒种、耕田、耙田、犁田、施肥、加水、除草，只知道这些，把这些做好就有收获，民生问题得到解决，生命有安全就够了，至于道理的所以然，我们并不明白。诸位同学就像农学士，这些道理当然是明白的，所以念佛的方法你们能知能行。

我们是"但事耕耘，不问收获"。不过我们相信有因必有果；我们是"愚而安愚"，安守出家人的本分，做一个老老实实的出家人，老老实实念佛；我们是"一心念佛，一心求生西方"。至于行菩萨道，那是要到了西方，证无生忍，然后分身十方世界坐道场。我们是"行起解绝"，重在行持，长年就是如此念佛，这是我们山上的家风、道风，我们是依着这条路走；当然，若是有智慧的青年想"由解起行"，那你就至心研读净土诸经论，开般若慧，实相念佛，往生上上品，圆成一切种智。我们很想培养如此的有为青年由解起行。

诸位同学之中若有志同道合的，你们毕业以后，如果不想回师父身边或师父要让你出外参学，那么你们若想到山上来住，是非常地欢迎。本山是十方道场，凡是有为青年僧共住，我们很想培养他为佛门龙象，住持正法。

## 老老实实持名号

大家普遍都知道念佛有四种方法，所谓实相、观想、观像及持名。我们山上是持名念佛，不是观想、观像，更不强调什么是实相念佛。你般若智慧未开，怎么知道什么叫实相念佛？凡夫心粗又怎能观想微细的佛像？所以我们就是守住本分，跟着印光大师所行的这条路子走，老老实实持名念佛。

怎么样老实？发个至诚心。至诚心发不出来，就发个惭愧心，经云："人无惭愧者，与诸禽兽无相异也。"你以这二种心来精进念佛，从至诚心发出，口中念得清清楚楚，耳朵听得清清楚楚；一念是如此，百念、千念、万念也是如此；今日是如此，明日是如此，乃至毕命为期也如此。

这其中没有花巧的，因果不会亏人的，佛陀是大慈大悲的，所谓"皇天不负苦心人"，只要住在山上的人，你能抱定这样——发至诚心、起惭愧心持名念佛，必能得到阿弥陀佛来接引。

## 自先得度方度人

至于别人说："唉！你们念佛就念阿弥陀佛吗？真懈怠，太不精进了，三藏十二部教典都不研究就念佛啊？在这个世界应该行菩萨道，你们不发大心，只顾自己求生西方啊？"好！你们去研究，三藏十二部由你们悟；你要行菩萨道，我们钦佩，其实我们也知道要行菩萨道，但我们先要求生到西方极乐世界证无生忍，而后才行菩萨道。这是大乘经论中所指示，你认为错吗？

这个时候，我们想不想行呢？是想行，可是说起来我们也太可怜了；我们虽然发了菩提心，也有大悲心——敢说一句狂妄的话，我的大悲心同佛一样，但是奈何没有佛陀的福、没有佛陀的慧，无福无慧如何度众生呢？自己都度不了啊！能把自己度好已是侥幸了。大乘经论上告诉我们："自未得度，先度人者，无有是处。"能自己度了，那才能度人啊！

你说我们不行菩萨道是小乘，那真是惭愧！其实我们离小乘还差十万八千里远呢！我们还是凡夫啊！而小乘是指证了罗汉果，见思惑已断，三界生死已了的圣人，那当然要发菩提心了；若不发菩提心，佛陀都要呵斥为焦芽败种呢！就好像父母栽培儿女读到完成博士学位了，若还不将所学好好奉献社会国家，那当然世人要骂了；但对一个小学生，你就指责他怎不为国家社会做事，那你就说得太早了。说话不分层次，未免糊涂吧！

究竟到何时我们才能真正行菩萨道？这不是说大话，也不是讲得很动听就能了。最低限度，自己要能逃过阎罗王这一关，你能逃得过，那大话才可以说。否则你的小命还在阎罗王手中握得紧紧的，所谓"阎王要你三更死，谁能留你到五更？"大家真是时时要知道自己无福无慧、太苦恼、太可怜了！这点我们一定要认清，对别人无法认清还不要紧，若连自己都认不清，那太可怜了！自暴自弃固然不可，而好高骛远亦太不可啊！

所以我们就是先这样安守本分，至于行菩萨道，一定要到了西方极乐世界，见了阿弥陀佛才够资格。"若人想行菩萨道，努力求生极乐国"，我们山上的人现在的目的就是要到极乐世界那里留学；对这个世界的学问，我们不想、不稀罕！这世界的学校是什么样的学校？老师是什么样的老师？同学又是什么样的同学？不带坏我们才怪！我们的善根很浅薄呢！我们要求好的老师——阿弥陀佛，所谓"求师不高，学法不妙"。

我们要到极乐世界求最好的学校、最好的老师和同学，亲近弥陀、观音、势至、清净大海众菩萨。我们这样做，你说我错了，那就算错了吧！你要怎样做就去做好了，"道不同不相为谋"，你走你的阳关道，我行我的独木桥吧！

## 为菩提道求生西

我们度众生当然要有福有慧，有了福慧就够了吗？不行。记得舍利弗曾问佛陀："世尊啊！没有六通可不可以度众生呢？"佛陀斩钉截铁地说："六通具足，度众生尚且不易，何况无乎？"度众生还要六通自在啊！没有神通你怎么度众生？真正地度众生是要自他皆得解脱，你千万不要度众生没将众生度解脱，反而度坏了、度糟了。为什么？你凡情未尽；以凡情度众生，等于一个对医道、脉性、药性都不懂的人却帮人看病，那病人被看死有分啊！

所以我们现在为什么要念佛？为消罪障、增福慧而念佛。为什么要求生西方？为菩提道而求生净土。这是释迦世尊及十方诸佛都这样教我们要求生西方极乐净土，乃至文殊、普贤诸菩萨，在未圆成佛道前也要求生西方。如果你认为我们求生西方错了的话，那你是魔啊！

魔鬼啊！这是附于佛法的外道啊！

我们念佛的人要有这些正知见，否则被人家一说："怎不修其他法门？念阿弥陀佛干什么？十方佛皆可念嘛！何必求生西方？东方不可以去吗？那弥勒菩萨就在我们这个世界的兜率天，我们去多么近？何必跑到距十万亿佛土的西方？何必跑那么远，舍近求远？"你一听就被转了。

诸位要想真正念佛不被他人所转，那莲池大师的《弥陀疏钞》不能不读；蕅益大师的《弥陀要解》《净土十要》不能不受持；幽溪大师的《圆中钞》不能不研究。这些善知识、念佛的道理，你不在这些地方求，偏偏听不深入了解净土的某某大法师、某某老和尚讲念佛。现在一般人说念佛，几乎是在诽谤。你要念佛，若跟他们学，那不跑错路才怪！

## 末世邪师如恒沙

我刚才所说的六通，大家要注意！现在的佛教徒，我们常见有很多是邪魔外道、魔子魔孙，常是说自己有什么神通、什么神通的。佛法哪是这样？佛法讲的"通"是注重在漏尽通；你生死了了，另五通自然有了，也就是你道业成就，自然有神通。但现在你是彻头彻尾的罪障生死凡夫，你说有什么通、什么通，唉！打妄语！骗鬼啊！大妄语是根本戒，千万不可乱说一句呀！

还有说自己是什么菩萨来的、什么佛来的，若真是佛、菩萨来的，那他说出自己是什么佛、什么菩萨来的后，就一定要走了；但你说自己是什么菩萨来的，你却还没有死啊？哪真是什么菩萨？胡说八道！现代人胆子就是那么大，说他是什么菩萨来的，末法真是"邪师说法如恒河沙"！在山上的人一定要有这些正知见，否则你就被那些邪魔外道乱说一通给骗了。

## 戒德庄严即神通

什么是"通"呀？告诉诸位！你的道德就是神通，你的戒行庄严那就是神通！你有这些，十方有善根、有福德的人就自然来亲近了。我们不说大陆的和尚王——

虚云老和尚，就说台湾几年前往生的广钦老和尚好了，他不讲经，若讲开示也就是三五句；他不讲经，可是讲经的大法师都要向他顶礼；他不识字，也不是什么学者，更不是什么博士、教授，但博士、教授还要皈依他呢！这说起来真气死人吧！

要知道，因为他有了道德，道德够了，以身作则了，以那样实行来度众生就够了，用不着再要讲什么经，讲经对他而言是多余的。反之，你说得怎么样好，自己没有实行，那你在前面说得响亮，人家就在背后说："那个人光会说，口很利！"那样子实在不能够感动人啊！

佛法是真佛法，要卖真的给别人，千万不要卖假的。当然，现在这个时候你一天能卖出十担假，也卖不了一担真。可是蕅益大师告诉我们：宁可一担真卖不了，也不要卖十担的假；因为你说假话害死人了，自己也要堕地狱去。说真佛法是没有人情的，你信就信，你不信，就不要来听。

## 创寺度众宏愿深

我为什么要创建灵岩山寺这个道场呢？因为要使人有地方修行，想要多度百万人同到西方极乐世界去啊！如果没个念佛堂，大家怎么能坐在这里念佛？所以一定要创建道场。虽然目前宝岛台湾寺庙多，但却是一般家庭式的小庙，想要在那里度生是难能成就的；所以，在此情形下，不得已才要创建道场。还有最重要的目的就是，为了度人出家，必须要有十方丛林，培养多种专业人才。

约二三十年前，每次和一些老法师们聚在一起时，大家心里都是很忧虑的！忧虑什么？老法师一个个走了，后面没有人出家，将来佛法的继承是个大问题。老法师们都是从小就出家做小和尚，可是自己没有收小和尚，那就没有下一代了。世俗人说："不孝有三，无后为大。"这在佛门里，师父度了我，我要是不度徒弟，那佛法就绝种了。不只台湾地区如此，香港地区、东南亚各国乃至美国的情形也是这样；美国我虽没去过，但那边的消息我也大概明白，因为到美国的法师都是我们台湾地区、香港地区去的，也时常回来见面。

那怎么办？现在是无佛的时候，佛法的弘扬完全要靠僧众了。所谓"人能弘道"，没有出家人，那佛、法二宝谁来弘扬？所以度人出家是最要紧的，尤其是要度男众出家。大家听了不要以为老和尚只重视男众，因为目前男众比丘太少了；假如男众多，女众少，那当然要度女众了。像有人家里已有三个小姐了，但没有男孩，他念观世音菩萨时当然要求生个男孩子了。

因为现在男众比丘太少了，所以我急急忙忙要赶快建立一个道场，要度化人来出家，尤其要度青年人，更要度童贞入道者。从古至今，高僧大德十之八九多是童贞出家的；晚年出家有成就的太少太少了，因为在家的习气太重、太难改。所以，在数年前我就有度小沙弥的计划，现在我们山上才有这么多小沙弥。敬求三宝加被小沙弥，每位都是道心坚固福慧庄严，是可传承的下一代。

当然万事起头难，起初收一个、两个时很困难，等有了八个、十个后，到现在有的自己就会来，有的信徒会自动送上来，以后当然会一天天增加，因为出家的良好风气，现已打开了啊。不过学佛是人人皆可，但出家为僧必要选择！所以我们僧伽一定要多要好，希望我们台湾能像过去大陆丛林那个样子，有僧宝来住持佛法，担负如来家业，要把佛法弘扬、振兴起来。这就是我为什么要创建道场及收小沙弥的大纲，详细说的话那当然还有很多很多了。

## 世学教育致还俗

我们台湾地区、香港地区过去也不是没有小和尚，不过只有一两个，较少就是了。他们是受什么教育？读小学、中学、大学或博士。做师父的总希望自己的徒弟能得到一个博士学位，好像那样就很有光辉；做师父的让他们去读世间学，好像没有一个世间的文凭就不能说法度众生。真的吗？

当然读世间学问并不是不好，但要知道我们自己是什么身份？我们是出家人！那就要弘扬佛法，担负如来家业，当然是要以佛法为第一，先研究佛法，而后兼读世学可也。度众生、和众生交谈时就要讲佛法。如果一个出家人舍了佛法就只会讲世间法，那不是失掉出家人本分的位置吗？就算你通世学，也不可忘佛学吧！其实，一个出家人不懂佛学，那才真丑呢！不懂世间学还算丑吗？过去的那些老法师对世间学是不屑一顾，决不许你阅读世间学的，有了世间学问当然知己知彼，百战百胜；但舍了佛法而不研究，就研究世间学，一直同人家说世法，那么你研究什么，你知见就是那个样子，又怎能引导人学佛呢？

尤其重要的，我们台湾地区的小孩到了一定年龄，男众都要去服兵役，服兵役并不是不好，反而身体锻炼更好；小沙弥将来也都要服兵役，你让他们受的都是世间学的教育，佛家的佛学他没有，佛家的生活习惯他也没有，完全都是过在家的生活，一服完兵役，即使他想再回到佛门来，但佛门内却派不上用场。所以大多数会还俗去，因为他们所学的要到世间才有用嘛！这是过去事，太可惜了。

## 以佛学教育沙弥

为了改进上述之遗憾，所以我们山上收了小沙弥当然要依古规教育他们，那现在又是怎么教育呢？在这里日常一切生活，都是佛法的生活：上殿、过堂，晚上慧命香念佛、大回向都跟着来参加，由实际的行持中消罪障、增福慧。这些训练好了，同时还要背诵经典；小班的小沙弥当然要认字，由老师教导他们，以学生字典为工具，每个字都要认得，不但字形认得，还要知道字的意义；另外还要练写毛笔字。所以"认字、写毛笔字、背经、作日记"，就是这三四个主要课程。至于唱梵呗、学打坐，这都是日常生活中必须磨炼的课程。

我们依着印光祖师说的"有真儒方有真僧"，所以小班的小沙弥就让他们背《太上感应篇》《了凡四训》，先把人的基础打好了，然后再背诵我们佛家的经典，像《四十二章经》《佛遗教经》等，一律就是这个样子，完全都是受佛学的教育，过佛法的生活。因为我们是出家人，当然要依佛学佛行为重嘛！

我们是希望他在佛法里有用，所以将来他们去服兵役后，若想回到世间去，没有世间的学问，怎么能在世间生存？卖报纸去吗？做苦力去吗？所以他到世间没有用；可是回到佛门来就有用处了，因为他完全受的都是佛学的生活教育，就能学以致用。尤其现在佛门中法师很缺少，需要用人的地方很多，凡是你有佛学的基础，又有修行，都能派上用场的。这是我让他们完全受佛学生活教育的原因。先重佛学佛行，而后则明世学，所谓"知所先后，则近道矣"。

至于世间学，将来到他需要用的时候再自己研究，参考就可以了。像孔孟之学、哲学之类的时代共识亦应该要研究；除了这些，其他学识就用不着了。你若去研究，只是糟损了时间，也把自己辛苦了。我们山上小沙弥的教育方针完全就是依这一条古规的路子向前走，唯愿三宝加被，走得顺利，走到佛国。

## 解而无行难了脱

身为出家人，就算你有世间学问，就想同世人谈世间知识吗？世间人读了几十年书，还得在世间上做几十年事，有了社会的经验那才是真学问；你虽有世间学却没有做过事，没有世间经验呀！你就凭着读一点世间书，拿书本上的知识就想同人家谈世间经验，那是不是班门弄斧啊？

这就好像现在的世间学者、教授，他们也研究佛学，也来同老和尚谈佛法、谈修行，可以吗？套句广东话说："我吃的盐巴比你吃的饭多。"你同我谈佛法，当然你讲得比我好，黑板写得比老和尚漂亮；但你有没有受三皈、有没有奉持五戒？佛法你算明白了，但你有没有信仰佛法？信仰了，有没有照佛法修？没有受持三皈、五戒，那你只是会说、看文字，佛法真意义你梦不到！你还同老和尚谈修行，不知惭愧吧！你的学问高过出家人，戒德能看齐吗？

你没有自己依着佛法来修持，怎能明白佛法的意义？就好像没到过阿里山，纵使听人家介绍、看照片，知道阿里山如何好，但阿里山的花香鸟语、新鲜空气，你还是闻不到、听不到、呼吸不到。

所以不但在家居士如此，就是我们出家人，你没有修行，光在经典上看，那你不过懂得个文字而已，经义你怎么会明白？意义不明白，你又怎么会修行了生死？没有真参实学，你还说你懂了佛法、还能度众生吗？自己已经落入魔窟、生死大坑跳不出来了。你又枉为一个佛子，空消信施，将来还要披毛戴角还债，那真正是太冤枉了！我是说良心话，知我罪我，我都至感惭愧！

在这末法的时代里，总免不了知见不同的人，有相反的看法找上门来同你啰唆！当然一切众生皆是未来的诸佛，内心中决不敢有一点轻视他人！但当遇到了眼高泰山、目空大海的人，甚至有主观极强的狂慧之辈，他偏要说他的好，说你的不对，要学他的才好，将非为是，这就不能不回答了。请问观感不同的人，你的高见真是比人家高吗？以上是不得已的解说回答耳，并非好辩也。

## 努力精进勤修持

话讲到此，时间已经到了，应该是山上养息的时间了；但我们还要大回向，大家加点功，不要想：时间到了，我要睡觉去！那是没出息的人！修道之人应该加紧用功、精进修行呀！"睡觉去！"你无量劫来不知道睡了多少，难道还没睡够吗？老和尚要到十二点才养息，明早两点就要起来了，跟着学啊！明早两点五十分打四板，闻到板声要快起床，切莫贪睡啊！

《遗教经》上说道："睡蛇既出，乃可安眠；不出而眠，是无惭人。"大家努力用功，必定"功不唐捐，德不虚弃"啊！一分因感一分果嘛！希望诸位精进！再精进！速登彼岸觐弥陀。

# 12　早斋开示

（一九九〇年四月二十日）

## 参学须有眼耳根

俗语有句话说:"智者千虑难免一失,愚者万思也有一得。"这就是指我们往往误以为某某权威、学者、有名位的人,他说的话多有分量。不错! 他们的话是有分量,但是否都是百分之百的正确呢? 尤其我们当学人的,学道闻法是要了生死的,那这确乎自己的耳根要利、眼根要明才能辨别,否则,你就被对方的权威镇住了。

因为人毕竟是人,还不是佛陀已证得一切种智;当然佛陀所说、所行的、一切一切都是满分的才对,对佛语我们要这样信。但等而下之者,不论你是人、是权威,就算你是菩萨,如果般若智慧没有圆满,还有一分无明、黑暗,那就不是十五的圆月亮,那么他说话就不能百分之百的正确。所以我们当参学的人要有这番认识。尤其在现在末法的时代，求善知识开示正智慧、求善知识指导，一不小心就会把你指导到死胡同里头去了。那怎么办呢？修行以念佛为稳妥，大家还是老老实实念佛吧！千万不要好高骛远，依佛所说来修就不会错的。

## 法以契根机为妙

当然佛陀也有对机说法的话，有了义的、有不了义的。什么是不了义的？对机不同，所说的法就是两样，如乙的根性与甲的根机不同，那乙依甲的法来修就修不成了。我们生在这苦恼的时代，正处于佛前佛后，好像孤儿身心无依无赖一样，心里有疑却无处可问，纵使问到对方所说的不错，各宗各法皆知，虽然广学多闻，但是否每一宗都专精深究呢？他说的法是否合你的根性？是否助于你所专修之法呢？这是个很重要的问题。这地方关系到我们的法身慧命，又不得不注意。

就像一位医生，虽然知道药性，开药给你吃，但他有没有替你把脉？懂得脉性吗？有没有摸到你的病源？如果医生先检查你的病症，检查对了，确知病症再依病发药，那当然可治你的病；否则，一不小心没对症下药，病治不好，还把你治死了有分。

当然，一般讲：大乘是了义法，小乘是不了义法。可是大乘法虽了义，但小根者不能接受，对其而言，那还是不了义；法是以利益众生为重，小乘法虽不了义，若能利益小根之人，那对小根者来说，小乘法也是了义的。所谓"药无贵贱愈病者良，法无优劣契机者妙"；对佛法要有这种看法。当然一乘般若是好，般若是诸佛之母，那么我们现在愚昧众生能不能修实相念佛呢？就好像人参虽高贵，可是你虚弱的身体能不能受补啊？草方虽是便宜，可是却能治病。我们修学佛法、当参学的，这个正知见要有，否则愈修愈糟糕。

## 畅佛本怀唯净土

佛陀所说的一代时教，有说得契理而不契机，有虽契机但不能契理，这样就不能畅佛本怀；而念佛法门，既契机又契理，就真的是畅佛本怀之法。这倒不是我们修念佛的就说念佛好，"老王卖瓜，自卖自夸"，卖瓜的说自己瓜很甜，若瓜是真的甜，我能说它是苦的吗？我们修念佛法门确实是真的好。为什么？三根普被，利钝具收。上根人修，得上等之报；下根人修，得下等之报。这就好像一雨普润，大树就多受一点雨，小树就少受一点水，以各种根性都能得益，所以畅佛本怀的唯有净土法门。

关于净土法门大家要分清楚，十方皆有净土；但我们所求生的净土是指在娑婆世界正西方，过十万亿国土之外，法藏比丘——阿弥陀佛的国土。而一般人说："你就求一个净土吗？十方佛不念，十方土不求，怎么就单求一个国土呢？"要知道，我们修净土的人，念阿弥陀佛就是念十方佛，生阿弥陀佛的净土就是生十方净土，要有这样的自信。否则，被人家一讲，你就"是啊！对的！"把大好的弥陀法门舍弃了而改修其他的法门，多么愚蠢！

要了解"十方三世佛，阿弥陀第一"。第一就是第一，你不能说佛佛道同嘛！"十方诸如来，同共一法身，一心一智慧，力无畏亦然。"你要知道，那是约法身来说的，自己要把教理分清楚了。诸佛的报身、应身就不同了。报身是修因感果所得的报；诸佛所修的因不同，所感的果当然有差别。发心修因不同，所感报身亦不同，所以应身也就不同，你不要再笼统说同。同！那为什么还要说阿弥陀第一，是法界藏身呢？这地方认清楚了吧！

## 凭至诚心生西方

"四十八愿度众生，九品咸令登彼岸。"你念佛有什么功就感什么土：你念佛念到事一心，生方便有余土；理一心，生实报庄严土；常寂光净土是佛陀所住之土；而信愿坚固，不能得一心，是生凡圣同居土。所以大家要明白，只要信愿坚固，至诚念佛决定得生，不是一定要念到一心不乱才可以往生。

《弥陀要解》所说的一心不乱，那是指事、理上的一心；但还有我们凡夫的一心呢！凡夫的一心，就是你有至诚、有惭愧，犯了戒就忏悔；有了惭愧心，再发至诚心来念佛，这样就决定万修万人去。净土法门说三根普被嘛！如果只有到达一心不乱的人才能去，那就只有上根的人能修，下根的人就绝分了。修念佛法门的人，这些地方要以慧眼认清，不要给别人将你说糊涂了。

医生执死方治病，会把人医死；你看文不知文义，把众生的善根都弄坏了。约法身来说是佛佛道同，诸佛平等，心、佛、众生三无差别，我们凡夫的法身与佛也是平等平等，无少许缺欠啊！但我们却没有佛的功德，只有罪障；"举心动念，无不是业，无不是罪！"这样的业障凡夫，你叫他得一心，怎么可能？那不是拉牛上树吗？对上根人，要他一心可也。对下根人，要方便安慰。

人若有开悟的根性，当然念佛能得一心，可破见思二惑得事一心。所谓事一心，就是心不为贪嗔痴所乱，身不为杀盗淫所乱，在事上能够定，此即到了罗汉果，不会造恶业，已经出三界了。一般凡夫怎么可能达到如此的事一心？那凡夫又如何能生西方呢？就凭你的至诚心。佛法就是"一分至诚，一分感应；十分至诚，十分感应"。没有至诚就没有感应，有至诚必有感应！感应如"洪钟在架，有叩则鸣"，你"大叩大鸣，小叩小鸣"。若不叩，它就不会响。因果道理就是这个样子，因果决定不亏人的，你只修因证果就好了，这点我们要信得及。

## 万善回向生净土

念佛的人想生西方当然是要一心，我们凡夫做到至诚心就是一心；你不要以为我们的心一动都不能动，一乱都不能乱。这么一说，把众生的心都弄烦、弄急了，"唉！怎么搞的，我不念佛还没妄想，一念起佛来妄想那么多，那怎么生西方啊？"请勿急，你只要发至诚心念，即可得一心，但不可心急。

要知道，生西方不一定只有念佛才能生啊！万善回向净土皆可往生，如：一日一夜受持三皈、五戒、菩萨戒，凭此功德回向都能生；闻佛名都是成佛种子，至诚称一声、十声皆可得生啊！为什么要把三根普被那么广大的净土法门说得那么窄小！把众生说得怕死了呀！

我念佛不能一心，生不到西方了！此乃不明"若人散乱心，入于塔庙中，一称南无佛，皆共成佛道”之误。

## 往生是回自己家

生西方有什么难？生西方就等于回自己的家，回自己的家有什么难呢？只是我们就像太保太妹不听父母的话，跑到外面漂流不愿回家。只要你回心，不要在外面做太保太妹就好了；家里有父母，什么宝都有，只要你想回家就行了。回家父母会帮你把身体打理得清爽，饭准备好了，让你好好吃、好好睡，只要你不要在外面乱跑、不要在外鬼混就好了。同一理由，只要你想生西方，阿弥陀佛就决定来接引你。你能信得及，安愚守分，这样子念佛，就是有善根福德因缘；你不信，就是没有善根福德因缘，就不能够生西方。念佛，当然要多善根，信，就是多善根，你不信，就不是我们念佛的同伦，就不能生西方。当知能不能生西方是完全操在你自己的信心、诚心及向上回家之心啊。

不管你是太保太妹，在外面被人家怎样地骂、怎样地打，可是父母仍在家里望着你：“好孩子！回来啊！”坏孩子在父母心中还是好孩子，我们这些五逆十恶的众生，在大慈悲佛陀的心中都是好的，世法、出世法道理都是这个样子。不要把佛法说得那么玄妙，把人家说得退了道心。生西方真是那么难吗？实实在在不是件难事，什么是难？你不信就难，你不修就难；你信、你修就容易。你不信不修，当然是业障太重了，病已经到了没药医的时候，夫复何言！

## 老实念佛必成佛

大家记住！"一失人身，万劫难复。"凭我们的起心动念、所守的戒行来判断，那恐怕决定堕三途有分。印光祖师说："汝将死，快念佛；心不专一，决堕地狱；饿鬼畜生尚难求，勿妄想人天福果。汝将死，快念佛；志若真诚，便预莲池；声闻缘觉犹弗住，定克证等妙圆乘。""生西方决定成佛。"这些佛言祖语，大家要奉行勿忘，千万不要听那些假善知识的话，一听就糟糕了！难道假善知识的话，比佛祖还好吗？请善思惟！

祝福大家！老老实实、安守本分念阿弥陀佛，同生西方！

# 13 新春开示

慧欣恭录

诸位法师、诸位居士：

佛法讲因果，其实说来，应该是因缘果报，还要注意时间这一因素。只要因缘、时间相聚会，则果报自然成，大至宇宙，小至微尘，皆离不开此理。

俗云："种瓜得瓜，种豆得豆。"种苦瓜怎能生出甜豆来呢？如是因，如是果，丝毫不爽。如果你种的是善因，就会得善果；种恶因，就会得恶果。有因而无果，那只是时间未到而已。谚云："善有善报，恶有恶报，若是不报，时候未到。"

所以我们要探讨因果之前，必须对时间有正确的知见，因果是讲三世的——过去世、现在世、未来世。一般凡夫俗见，眼光短浅，只信有现在世，不信有过去世，更不信有未来世。凡事只以眼前所见为真，为有。殊不知此三世时间观，极为浅显易明。今举眼前之例证明之。

人人皆知道有昨天、今天、明天；若从今天逆推，则有无量无数的昨天，此无穷极之昨天，就是过去无始啊！

若再由今天顺推，则亦有无终无尽的明天，此浩瀚无际的明天，不就构成了未来无终吗？

我们怎可说未看到明天，就不承认有明天的存在；回忆不起昨天的事，就说没有昨天呢？相同的道理，如果你只知有现在世，而不知有过去世、未来世，那简直像小孩子一样，太幼稚太可怜了。请你好好学习，增长智慧，不可再愚痴狂妄，辜负己灵。

具备以上的正知见，你就不会为行善之人遭受恶报，而心愤不平；见行恶之人自在安乐，而抱怨上苍不公了。善人遭恶报，那是他过去造的恶因所感；恶人受善报，那是他过去有善因，所种的福犹未享尽。切不可只就一世来论，而昧于三世原理之真谛！若明于此因果通三世的道理，即知只要时间一到了，善恶因缘成熟，必然是种善必有善报，种恶必有恶报的。

所以我常说：世上没有十全十美的善人，亦没有百分之百的恶人；众生因为所造善恶因缘之不同，故所受的苦乐果报亦各有差别。怎可因今生行善或作恶之人，好像不得其应有的善恶果报，就怨天尤人呢！

明白以上的道理，那么就只需讲耕耘，不需问收获。因为有耕耘，必会有收获。虽不是马上有收获，你总不可能今天播种，就要它明天结果吧！

　　学佛亦是如此，你今天上山来拜观世音菩萨，就要求菩萨即刻保佑你，那你心太急了吧！说不定你今天拜了观音，下山时不小心跌倒，摔断了一条腿，那你能说观世音菩萨不慈悲吗？

　　学佛人头脑一定要冷静，才不会颠倒是非。其实观世音菩萨对你可说是太慈悲了，你不求，菩萨照样会保佑你，如慈母之对待子女，难道还要子女开口求母亲保护，母亲才会给予保护吗？

　　说不定你今天会遭受生命垂危之报呢！就是因为你拜佛的功德，才只受折腿创痛而已，这就是观世音菩萨慈悲保佑，让你重报轻受，而你不自知而已。这点正信都没有，你还能叫作虔诚佛教徒吗？对这种不信因果、颠倒是非而不受劝化的人，那我们惭愧自己智慧德行有限，没法化度他，真无话可说了。

　　你今生能修行种善因，恶报就会减轻，如果没减轻很多的话，那就是你种的善因还不够，应该生大惭愧，再努力行善。譬如一盆滚开的热水，如果只加了一杯的冷水，对于这盆热水而言，其热度是不会感觉有降低的，除非你继续不断地加上冷水，它才有可能变冷。所以今生行善，还不能摆脱恶劣环境的话，那就代表你所行的善还不够，应该再精进用功才对。怎可说观世音菩萨不慈悲，不感应呢？此番道理，只可与智者道，不足为愚者言了。

谈到感应，有的人一求就有，有的人再怎么求，佛菩萨都好像视若无睹。这是怎么回事？譬如一个认真用功、守规矩的孩子，向母亲要钱，一开口就有；另一个懒惰懈怠不学好的孩子，向母亲要钱，其母一毛钱也不会给的。学佛亦是如此，有求而不应，是佛菩萨不慈悲吗？其实《楞严经》告诉过我们，观世音菩萨太慈悲了，求财得财，求子得子。但是这也要看你是用什么心去求的，你求财有了财后，是不是会去做好事呢？若有钱不做好事，菩萨能给你财吗？

感应有顺有逆，不论顺逆都是佛菩萨的慈悲。顺境固然是好，但唯有在逆境之中才能开智慧。譬如春天温和，固然可使百花齐放，万物生长，但如果没有秋、冬，怎么会有结果呢？没有严寒的冬天，怎会绽开清香扑鼻、坚忍高贵的梅花呢？

所以真正有智之士，学佛愈是遭遇不顺，其道心愈是坚固，愈能成就菩提道。古今多少高僧大德、上根利器者，莫不是在苦境、逆境中成就的啊！最后祝福诸位，新年万事吉祥如意，道业广增长，早日成佛道！

# 附录　可许则许

陈海量居士　著

## 前言

妙莲

　　我在香港自修时，仍是免不了常有信众问佛、问法、问感应等事。他们问："我信佛已多年了，常供养三宝，亦常参加各处法会，而且常劝人行善；怎么我老是身体不好？家境也未好转，儿女求学、求事都是不发达？这真是难免令我退道心！我到底该怎么做，才能得到感应呢？有了感应才好交代家人啊！否则他们问我信佛，佛为何不保佑？我没有具体的事实感应可回答呀！"

　　唉！这许多疑问，实令我答不胜答，即使解说明白亦难令其接受。因为一般人信佛，都只求随心所欲，即刻就要满意；待到明日，那就不灵啦！

　　因此，乃忆起在大陆时曾读过陈海量大居士所写的

《可许则许》小册子，足以解答上述所问。于是虽处兵荒马乱之年，我仍不惜尽一己之绵力，耗费很多时间、精神，从万难中请购了不下千余册，与疑难人结缘，化愚为智，令正信学佛。

今者在台湾已很难见到这本大众化、契时契机的《可许则许》了，故早已屡思将此小册特别改版重印大字，使老眼昏花者皆可读，大量赠送，以解众疑。若有疑未解，实是信佛、学佛之一大障碍啊！

恰好五十年前了，我尚未读《可许则许》，就已先读过陈海量大居士的《知己知彼》一书，而后不久又读到其《建设佛化家庭》一书；欣喜之余，对此位大居士普济法施、利益众生、启发正见之悲智，赞佩不已。

此时转瞬之间，忽而又过五十载；欣逢旧书再阅，对该老居士更是敬佩有加，他的智慧真是如"海"，慈悲心"量"实同大地呢！

是的，在此恶浊时代弘扬佛法，还是以佛化家庭着手，不失为度生之一大基础、方便。所以我希望能为他老将上述三种著述广为流通，作人世长夜之灯塔、慈航普渡之舟楫，以慰在西之灵，高升莲品也。同时祈请有缘读者，生前正见学佛，没后同归莲邦、同证无生法忍、同于十方世界解众生疑，乃至同圆种智也。

# 缘起

　　旡我老居士感到兵连祸接，人民陷入水深火热之中，他老人家悲天悯人的心，不禁油然而生。于是每晚召集家里的人，在佛菩萨前礼拜祈祷；我也参与其间。他的祈祷词是："弟子某某，赤诚地代上海人民，忏悔无始以来所造恶业。至诚恭敬，礼拜称念，大悲观世音菩萨！求菩萨威神，护持我们，使我们业障消除，减轻劫难。望菩萨慈悲摄受我们，倘若可以允许我们的，就请允许我们的请求吧！"

　　起初我读了他的祈祷词，心里很是疑惑，于是我问老居士："祈求菩萨为我们消灾免难，应当希望所求的，一定能完成我们的愿望才是。为什么你的祈祷词的结尾说'倘若可以允许我们的，就请允许我们的请求罢'？这种祈祷法，恐怕被人家听到了，要怀疑祈祷没有效用吧！"

　　旡我老居士对于我的疑问，解释得很是圆满。他说："凡事不可强求。世间上的事和出世间的事，真理是一样的。'倘若可以允许我们的，就请允许我们的请求吧'这句话，是我师父刘上师告诉我的。这里面实在包含着无穷深妙的意义，你可去仔细研究研究！"

后来我静静思惟，过了几日，果然觉得这句话意义深长圆妙。以后我们向佛菩萨祈祷，除求生极乐世界的发愿文以外，其他如消灾延寿、免难愈疾、求子求财、找寻职业等，都应该用"倘若可以允许我们的，就请允许我们的请求吧"这句话，做祈祷的结语。这样的祈祷词才可称作圆满。这里面有"许""不必许"和"可许可不必许"三种意义。现在把它简要地说明如后。

## 三义略释

一、许义。仰求佛菩萨为我们设想、为我们审察！假使我们所求的事情，于我们究竟有益无害的，就请佛菩萨允许我们、护持我们，使事情实现，满我们的愿望。

二、不必许义。假使我们所求的事情，现在虽然可以满足我们的愿望，可是日后有不可设想的祸患预伏着，而我们凡夫预料不到；这是要求佛菩萨慈力保护，不必允许我们的请求，以免后来的祸患。

三、可许可不必许义。善业恶业的报应是通过去、现在、未来三世的，身前身后的因果关系是非常复杂的，我们没有慧眼怎能知道呢？从前恶业做得多的人，不但今生要受苦报，就是来生也不容易了结。现在因为我们皈依三宝，忏悔过去罪业，修行种种善事，就能得佛力的慈悲保佑，使严重的果报变得轻微一些。像《净土圣贤录》中吴毛遭难的事件，就是一个很好的例证。

假使我们的业报中，应该先受到水灾、火灾、盗贼、病苦，以及谋事无成、家口不安等厄难，我们只希望苦难受得轻一些——所谓重报轻受，使得我们消除从前的业障，然后因着这不如意的因缘，才能引起更大的福利收获，以达到现在所求的愿望。这是我们所不能预知的，只有求佛菩萨保护我们、曲赐许可我们！这一层意义，比较第一种"许"义，更进一层。

可不必许的意义：若是我们的前因本来可以达到我们所愿求的，可是所求的事情，倘若伏有后患，这样虽然我们祈求您，也请您可怜我们的愚痴，非但不必允许我们的请求，并且要求您，就是在我们宿业份上，本来可以得到的，也要使我们所谋求的不能成就。这较第二"不必许"义，也深一层。

往往有许多事情，暂时虽然得到快乐，而未来已隐伏着大祸。这何异小孩子用舌尖舐刀头的蜜，而不知有割舌的危险呢？这是须要父母给予监护的。佛菩萨就是众生的父母，《楞严经》里说："十方如来，怜念众生，如母忆子。"他们怎能忍视他们的孩子，去贪食五欲刀头的蜜呢？所以想祈求世事快乐的人们，必须仰求佛菩萨，为他们保护支持。

我们不可以因暂时的得失而生怨恨，以增加自己的罪业；碰着不如意的事情，应当生欢喜心，因为已经消除我们一层业障了。达观人的见解，是深远而广大的，我们应该自勉啊！

## 事实引证

以上我已经把"许""不必许"和"可许可不必许"三种意义约略说过了。现在我来引证几件事实，作为证明。因果关系非常复杂，我们凡夫俗子怎能知道？人事的发生，有的似乎是凶险的，而实际倒是幸福的；有的似乎是可喜可庆的，而实际是可悲可吊的；有的似乎是可悲可吊的，而实际是可喜可庆的。祸福是互相倚伏着的，得失没有一定的啊！

我现在将史册的记载和耳闻目见的事实，写述几则，来说明祸福休咎的微妙。我们明白了因果以后，自然就能达观了。

**遭劫未必是祸**。《净土圣贤录》载：吴毛是青阳吴姓的仆人，平时持斋念佛，同时修行种种善事。当左良玉的兵渡江的时候，吴氏合家都避去了，只留他一人在家看守。兵来了，他被击中七枪死了。等到主人回家，吴毛又苏醒过来，对主人说道："我因为宿世的恶业，应当受七次的猪身；因为今生斋戒念佛，得以七枪散冤。现在佛来接引，往生西方去了！"说完话，就合掌而逝。这事是在清顺治元年。

**丧子未必是凶**。(一)《华严五祖纪》：唐朝杜顺和尚，有一次到外面去化缘的时候，有一个斋主抱着儿子，求和尚给他消灾延寿。和尚定睛对着孩子看了许久，说："这孩子本是你的冤家，现在应该给他忏悔。"吃完了斋以后，和尚叫斋主把小孩抱到河边。到了那里，他就把小孩子抛入水中。这时斋主夫妇不禁捶胸顿足，号哭起来。和尚说道："请不要闹！你们的儿子还在那里呢！"说着，就用手一指，果然，他们就看见他们的儿子，化作六尺丈夫身，立在水波之上，怒目地斥责斋主说："你前生拿了我的金帛，还杀了我推入水中。若不是菩萨同我解怨，我是决不饶赦你的！"于是夫妇俩默默然信服和尚的神力了。

(二) 梁敬叔笔记：姚伯昂先生说："传说人世间的夫妇儿女，有还账的、有讨账的。我于是想起，从前我的一个妹子，当她五岁的时候，出天花很是危急，呻吟床褥，非常哀苦，一连几日夜，叫号不止。我的母亲说：'这样地受痛苦，为什么不早些去呢?'她听见了，大声地反抗说：'你们还欠我八千文钱，尚未还清。等你们还了我，我就去了！'我的父亲就差我去关照她说：

'我们一定把这笔钱做你的棺殓费，再加千文烧些锡箔给你。这样你可以快些去了，何必等待着活活受苦呢！'我对她说了以后，她就在这一夜里死了。这样看来，还账讨账的传说，是确有其事的。"

（三）梁敬叔先生说："常州有个甘学究，是以教小学生为生活的。当他的儿子才只三岁的时候，他的妻子忽然死了。他只得带着他的儿子，到他教书的馆舍里去养育。到四五岁的时候，就教他识字读书。这个孩子倒很聪敏，在十五六岁的时候，四书五经都读得烂熟，也可以做教书先生了。每年父子二人教书的收入，凑合起来有四五十金，除去生活费用之外，还可以稍稍积蓄一些。后来甘学究就预备为他的儿子娶个媳妇。当他们正要行订婚礼的时候，他的儿子忽然生起大病来，病势很是危急。

"在病中，他狂喊着他父亲的名字。甘学究惊慌失措地答应说：'我在这里！我在这里！你有什么事吗？'他的儿子说道：'你前生和我合伙做生意，欠我二百余金。某事除去若干、某事除去若干以后，现在应还我五千三百文。快快还我！还了我，我就去了！'说完了话，就气绝而死了。这真是世俗所谓讨债的了。大凡年幼夭折的儿女，多因讨债而来的；不过像甘学究的儿子般，分明说出来的，十个之中没有一两个罢了！世间一般做父母的不明因果，反为这种讨债的子女悲伤哭泣，不是很可笑吗？"

（四）纪晓岚笔记：朱元亭有个儿子，生肺病将死的时候，有气无力地自言自语道："现在还欠我十九金。"这时医生正在开药方，预备给他吃一服人参，可是人参还没有煎好，他就死了。后来算算那人参的价值，刚巧是十九金。这是最近的事实。

（五）天台有位袁相钦先生，是我的远亲。他有一次在梦中，看见酒缸里现出一个人来，指着他说道："三百千！三百千！"他就醒了。这时他的妻刚巧生个儿子。相钦本来没有儿子的，所以很钟爱他。这个孩子，四岁生病很厉害的时候，在病中，他忽然叫喊着说："拿算盘来算账！拿算盘来算账！"相钦突然想起从前的梦，就责骂他说："讨债鬼！你到我家里四年，我为你花费的，已经不止三百千了！"他的儿子听了这话，就死去了。

印光大师曾经说过：一个人生儿子，大概有四种原因：一种是报恩，一种是报怨，一种是还债，还有一种是讨债。

报恩是：因为父母对于儿子过去世有恩惠，为着报恩，就来做他们的儿子。所以服劳奉养，生事死葬，都称父母的心意。世上的孝子贤孙，都是属于这一类的。

报怨是：因为父母对于儿子过去世有亏负的地方，

为着报怨，就来做他们的儿子。所以怨恨小的，就忤逆父母；大的，甚至为非作歹，闯下大祸，害及父母。做父母的，活着的时候，不能得到儿子的奉养；等到死了，还因为儿子的不争气，带着羞耻到九泉去。这是报怨的一种。

还债是：因为儿子在过去世欠父母的资财，为着偿债，就来做他们的儿子。倘若债欠得多的，父母就可以终身由他奉养；若是欠得少的，就不免半路死去。像读书才得了些功名而丧命的，做生意才得了些财利而身死的。

讨债是：因为父母在过去世欠儿子的资财，为着讨债，就来做他们的儿子。小的债，不过损失些学费聘金；等到债还清了，父母虽想望他成事立业，而他忽然夭亡，再也不留片刻。若是大的债，那做父母的损失，可就不止此数，必定要废业荡产、家破人亡才罢！

这种报恩报怨的因果关系，不独子女是这样，就是夫妻也是这样的。总之，眷属聚会，无非恩仇报复。假使能够互相感化，大家念佛修行，同归极乐净土，那么恩仇眷属化为菩提眷属，就完美到极点了。

**病痊未必可喜**。明月笔记：浙江上虞蒲湾地方，有个锺秀峰。当他年纪四十多岁的时候，生个儿子，秀峰很钟爱他。那孩子十岁的时候，生病很危险，秀峰夫妇哭泣着到神祠里去祷告。在夜里梦着一个神对他说道："你的儿子有许多事情没有了结，哪会就死去啊！"醒来之后，他非常庆慰。后来儿子果然病好了。等到这个孩子长成以后，挥霍游荡、忤逆父母，无所不为。锺家便被他破败了，秀峰夫妇终于忧饿而死。这就应验着神梦所说"有许多事情没有了结"的预示，原来他是来讨债的。

**延寿未必可贺**。《觉有情半月刊》载：杭州栖霞洞有个智印和尚，能够预先知道未来的事情。有一天，寺里一个短工染疫死了；短工的妻子到山上来，请寺里的长工相帮埋葬。智印和尚知道了，阻止他们不要去埋葬，并且对他们说道："这个人还有许多苦难没有经过，决不会就这样死了的！"他的妻子回答道："气早已断了，难道还会活转来吗？"她怀着一肚子的疑团，悻悻然而去了。等到第二天早晨，这个短工果然又活转来了。

**得财未必是福**。《大庄严经论》说：有一次，佛和阿难在舍卫国的旷野中行走，看见有一堆金子埋藏着。佛对阿难说："这是大毒蛇。"阿难对佛说："这是恶毒蛇。"这时田里有一个农夫在耕种，听见佛和阿难说有毒蛇，就去看看。他走到那里一看，原来是一堆黄金！他就拿回家里，从此他就立即变成富翁了。后来国王知道了，就把他关在监狱里。他从前所得的黄金，到这时已经用完了，但是还不能免去刑罚。他真悔恨极了，不禁叫喊着说："恶毒蛇阿难！大毒蛇世尊！"

国王听见了，觉得他说得不伦不类，很是奇怪。于是传讯他："你怎么说毒蛇、恶毒蛇呢？"这个农夫对国王说道："我从前在田里耕种，本来很可以安闲度日。有一日，听见佛和阿难说有毒蛇，我去一看，原来是黄金！不禁贪欲心起，拿归家中。今日想来，这黄金原是毒蛇啊！"同时他又唱出一首偈："诸佛语无二，说为大毒蛇。恶毒蛇势力，我今始证知。于佛世尊所，倍增信敬心；我今临危难，是故称佛语。毒蛇之所螫，止及于一身；财宝毒蛇螫，尽及家眷属！我谓得大利，而反获苦恼！"

这个故事，使我想起一九四三年十一月里，上海报上登的一则新闻：有一个李姓的少妇，有一天得到十余万元，喜出望外，她拿了款子雇汽车回家。在中途被强盗拦劫，把她的所有全数抢去了。这个少妇竟因此死亡。世上的人因着财产遭殃的，耳闻目见，真是很多很多，说也说不尽的。

**家难未必不幸**。吕碧城女士说："我家从前住在安徽六安州。当我十三岁的时候，偶然得到一卷观音白衣咒，说持诵百日，能消灾得福；我就每日焚香虔诵。等到刚满百日之期，忽然遭到家难：我家的人都被许多族人禁闭在本宅内，长年不得和外界通消息。后来母亲设法，用密函向外祖母家请求援救，结果得到援助，我们得以到来安县舅父家里寄住。

"那时我常常想：为什么持咒百日，求福而反得祸呢？其后有股匪白狼来侵扰安徽，六安被蹂躏得变成废墟。当时我家旧宅里，只有孀嫂和她的女儿翠霞以及她的女婿汪君居住着。白狼闯到宅中，把汪君杀死了，翠霞也在这时殉难。我的嫂嫂逃到上海，不久也就病死了。现在我才明白：倘若那时我仍旧住在六安，一定同遭到匪难的。我们避居到舅父家里，实在是因祸得福哩！"

**谋事得成未必可庆**。绍兴黄大动君，失业以后，困居在家里的时候，有一次，去求他的先生给他介绍一个职业。他的先生荐他到某军司令部，充任秘书。他到那里去办事，还不到一个月，两军开战了，他所属的军队被打败了。黄君幸而在枪林弹雨中逃出了性命，可是物件尽都损失了。他身无分文，沿途借贷，受尽千辛万苦，总算憔悴而返。他的先生见他这样狼狈回来，对他说道："这是我害你了！"

**谋事不成未必可悲**。吴县王玉如君，住在上海的时候，想谋一个轮船司账的职位。因为谋这个位子的人很多，玉如恐怕事情不成，来同我商量，我就劝他念观世音菩萨。玉如就听我的话，早晚持念，可是结果事情还是不成；玉如怀疑菩萨无灵。我对他说："目光要放得远大些，不应该以一时的得失，就怪菩萨无灵。菩萨是不会辜负你的!"过了两月，这只船被风浪沉没在大西洋里，船里的人都落水溺死，没有一个幸免。不幸的消息传到上海的时候，玉如雀跃着来向我说道："这真是菩萨保佑我呢! 假使我从前所谋的职位成就的话，我也早就葬身鱼腹了。"

以上种种的事实，很明显地告诉我们，使我们可以灼然无疑于因果的存在了。可是还有为我们凡情所不易了解的，我再来解释一下：一、业报释疑；二、感应释疑。

## 业报释疑

我们在世间上，所碰着的一切灾殃苦患、不如意事，都是从恶业招致得来的；一切福禄寿康吉庆，都是从善业所获得的。今世所享受的，是前世所作的果；而今生所造作的，又为来世苦乐的因。所以作怎样的善，得怎样的福；作怎样的恶，得怎样的苦。识田的感召，像数学上乘除一般，是一定不易的。所以戒杀放生得长寿少病报，廉洁布施得权威富厚报，贞节得夫妻贤淑报，偷盗得贫穷耗财报。相反的方面也就可类推而知了。

善恶业报都是自作自受。因果的道理很是精微，虽然极其错综复杂，可是乘除消长，是决不会错乱的。倘若我们能够改过迁善、诵经念佛，就能使善业日日增长，恶业日日消除。要得到幸福、远离祸患是无须我们祈祷，而自然能够实现的。

不过我们前世所作的业因，千差万别，所以善恶果报不能以一世的行动来下判断。假使行善而仍旧穷困的，那是因为他前世的恶业比较重，正因为这一生行善，已经减去了殃祸，而增加他的清安了；否则，还不止受这样的苦难。可是来生的福泽，也已经种因在这里头了。

有的人为非作恶，而现在仍旧得到安乐享受的，那是他前世的福泽深厚。因为他作恶的缘故，他所应得的福禄，已经被他自己损耗了；否则，富贵尊荣还不只这般地步。可是来世的祸患沉沦，也已种因于这里头了。

况且世事变幻没有一定，一时的苦乐不足为祸福的定论。所谓：

> 作恶必灭！作恶不灭，前世有余德，德尽必灭。
> 为善必昌！为善不昌，前世有余殃，殃尽必昌。

因果律是分毫不会错误的！

印光大师说："作恶而得到幸福的，是过去世善因栽培得深；假使不作恶，那幸福必定更大。譬如富家子弟，吃喝嫖赌、挥金如土，而不曾立即受到冻饿，那是因为他的遗产富厚；倘使天天这样滥用，即使他有百万家财，不到几年，也就要家破人亡，不可收拾了。

"行善而遇到灾殃的，是过去世罪业造得深；假使不行善，所遭的殃就更大。譬如犯重罪的人，在没有行刑之前，立了一些小功；因为功小的缘故，罪业不能完全赦免，可是总能改重为轻。倘能日日立功，因为功积得多而且大的缘故，罪就可以获得完全赦免，重复封侯拜相，世袭爵位，与国同休了。"

今生的善恶影响今生的祸福，这叫作花报。今生的善恶决定来生的苦乐，叫作果报，也叫作业命。今生花报的影响来得轻，今生所受前世已成熟的果报业力比较强；所以只有大善大恶的人，才能转变今生的业命，因为他们的心力比他们的业力还强。一般普通的人就不能超出业命的范围，因为他们的心力敌不过业力的坚强。世人往往略行小散善，就痴心妄想地要获得转移业命的效果，不是很谬妄吗？所以那一班碰着逆境而退失修善心，和希求不能达到目的因而退悔的人，都是因为他们修省改过的功夫还未能做到。这种人怎能挽回定业呢？我们应该自省一下啊！

信奉佛法的人们，倘若求子病愈而子反死了，可不必哀伤退悔。也许这个儿子是为讨债来的呢？他日或许被他弄得破家荡产，使父母吃老苦呢？现在仗佛菩萨的慈力，消除宿怨，使他早些离开，正是做父母的大幸事啊！譬如我得罪了人家，他想来报复；幸而得有势力的人，从中为我们调解，使对方的怨恨消释了，不再同我为仇。这是多么幸运的事啊！因为仇恨的心像是黑暗，遇到佛光一照，黑暗随即消灭。所以能得佛力垂护的，任何怨仇没有不能解散的。

世人求子病愈而子反死的，做父母的正应该感谢佛菩萨的大恩，努力奋勉修习佛法，并且劝化众生共同信佛才是。倘若反生怨心、悔心、退心，怪佛菩萨无灵，这真是辜负佛恩呢！至于求其他眷属如父母、夫妻病愈而反死的，都应当做这样的看法。因为一家眷属的聚会，无非报恩和复仇而已。或许有人要问："儿子生病祷求佛菩萨而反死去，说是仗佛力解怨使他离去，固然不错！然而为什么不解怨以后使他勿去，而仍旧做我的儿子呢？这是一点。还有一点，假使他不是来讨债的，那么终究是我的儿子了；不求佛力救助，他也不至于死的，何必要祈祷呢？"

我的回答是：人生所遭遇着的，都是从过去世善恶业力所感召得来的。心力弱，业力强，就被业力所支配。只有学习佛法，心力训练得强的，可以不被业力所束缚；一般的人，大多数不能超出业力范围的。你的儿子——因为你和他在过去世所种业因的关系——为着讨债而来；

现在仗佛力消除了宿怨，而你还要他不死，仍旧做你的儿子，这譬如有人到你家里来讨债或报仇，当时因着一位有道德威望的人从旁调解，这个人意气平静下来，就此放弃债权。你想，那时这个讨债的人，是仍旧留在你家里呢？还是回去呢？当然的！他一定就回去了。现在你的儿子为着讨债而来，怨气平释以后，他也当然回去了。

理由是一样的。

关于第二个问题："假使他不是为讨债来的，不求佛力，他也不至于死。"这话你只说得半边。人们的疾病，表面上虽然是从风寒虚劳、四大不调而起，实在是他们前生的恶业作为主因的。你儿子的病苦，一方面固然为讨债而使你受累；而另一方面，他也有他自己的恶业存在着，使他不得不受病苦而至夭折。假使他前世的恶因是十分，那么这病就得受十分的苦果。譬如拍球，用十分的力气向下拍，它反跳的高度也有十分。力的强弱，要看拍的人而有差别；也就如造恶因的时候，心力的猛厉程度各有不同。

倘使你儿子有十分的恶因，他一定要自受十分的苦果才能了结；要想减受五分，是不可能的。假使能皈信佛法僧三宝，至诚恭敬地忏悔，并且做种种善事，就能得佛菩萨的慈悲保护，可使重报减作轻受。譬如世间法律所规定的一般，杀人的人要处死刑，倘使去自首，罪就可以减轻。向佛菩萨忏悔的，就和自首一般，病苦怎得不减轻呢？

然而不要误会！佛菩萨并非制裁人们罪恶的主宰者。佛说"一切唯心造"，祸福寿夭、恩怨眷属，一切是我们自心所造，自做主宰的。因为皈向三宝、至诚忏悔的心，能顺合忏悔者本具的佛性，顺性而起，就和佛菩萨已经证到本具佛性的境界相契合；这是此方的感而得到彼方的应，很自然的结果，并不是勉强所能得啊。

众生心力的光很是微弱，不容易消灭黑暗的业力；现在和佛菩萨光明无量的心光接触，就能增强我们心力的光，足以消灭我们黑暗的业力。然而还需看各人皈向佛菩萨的心力强弱程度怎样，而决定其减轻苦报的分数。譬如五烛光的电灯泡，必定发五烛光的光明；五十烛光的电灯泡，必定发五十烛光的光明。因为光度强弱不同，黑暗的减退也就随之有异。所谓心光，本来是人人都有的，只因各人被业力所蒙蔽的程度有差别，所以所显现的就各不相同了。

贺国章先生说："有一位黄桐生君，他的眼能够看见鬼神，并且能够辨别人的气色。据他说，头上有白光的，这个人必定是佛教徒。尊贵的人有紫色的光，财富的人有红色的光，生病和失意落魄的人头上的光是灰色的。

普通的人则是蔚蓝色的。头上的光现出黑气的，这个人定要死亡，否则是个大恶人。"

心光虽然是常人所不能见到，然而是可以实验的。冯宝瑛居士说："我们可以拿布施的事做试验。假使真心为人而布施，没有利己念头的人，他的心中必定有一段特别愉快的景象，这就是光明发越的表征啊！"专心念佛，也容易得到愉快的景象。融空居士说："静寂地念佛稍久一些时候，就能觉得头部热蒸蒸的，四肢百骸暖融融的。这就是心光透露的证验。因着发光而生热，这是物理学的定理。"《华严经》里也说："大士光明亦如是，有深智者咸照触；邪信劣解凡愚人，无有能见此光明。"

当我二十九岁的时候，和我的妻远信住在赤城山。这时远信是二十五岁。在某一日的早晨，她下山去，行走在田野间的当儿，沿路专心在念佛。这时太阳刚上山，晨曦遍地，她偶然看看她自己的影子，发现顶上有一圈圆形的光，周围和肩相齐，其大小约有直径二尺光景。它发出灿烂的光辉，有不可形容的美妙，和佛像背上的圆光相似。

她心里觉得奇怪，还是继续地一面走一面念佛，并且时时看她的影子；这个圆光依旧焕发着，她知道这是念佛所得的现象。于是，她试试看，停止念佛而念世间的杂事，同时再看看影子，圆光就没有了。因此就可知道，念佛最能发挥我们本有的光明，消除业障的黑暗。

念佛、念杂事都是念，为什么所表现的有这样的不同呢？这譬如人的忧喜，忧的时候愁眉苦脸，喜的时候嬉皮笑脸；忧喜同是心念，而表情就不同了。佛号的念随顺我们的本性，杂事的念是违反我们的本性；念的主动体固然是同一个心，可是被动的念头就有分别了。假使念佛功夫得力，那么尘劳就是佛事，在酬应一切世事的时候，都不会有什么妨碍。所谓"竹密不妨流水过，山高岂碍白云飞"，到这个时候，顺性、逆性不过是方便之谈罢了。

人的疾病，多是业报的关系，在业报没有完尽的时候，假使要求其早日痊愈，就非求佛力保护不可了。世上有很多中外名医没法医治的危症，因祈祷佛菩萨而获得痊愈的事实。

如最近邵联荨君也因念佛得救：邵君是杭州人，年十九岁，在上海患着重症，到宝隆医院去疗治。经医师诊断以后，说他这病是没有希望了。在进院后第七日的夜里，他忽然看见牛头马面、夜叉小鬼，摇摇摆摆地向他的床边直奔而来。这时室中电灯很是明亮，而他的神志也很清楚。他知道这是来捉他的，他是将死了，于是鼓足勇气坐起身来。

后来再一想，既然有鬼神，一定有佛菩萨的。就想起"南无阿弥陀佛"六个字，随即大声地念起来。当他一念之后，许多的鬼怪突然都给他吓退到数步之外，不敢走近身来。邵君觉得这六个字有不可思议的效力，能够退却鬼的袭击，于是诚心诚意地不断诵念着。因为小鬼捉他不到，后来阎罗王也亲自出马来了——他是身穿绿袍，头戴平天冠的；然而他也被佛号挡了驾而不得近身。邵君看见佛力这般伟大，更加放胆高声地念起来。

院中的医生们，认为他的声浪妨碍其他病人，就来劝阻他不要再念，而邵君在这生死关头怎肯停止呢？后来医生没办法，只得把他搬到另外一间病房去住，邵君仍继续着在念佛。这样经过了将近五日，他忽然看见一颗金光，如流星一般从他的面前落下来，自上而下，渐次地由小而大，顷刻照耀遍满大地。

在光中，有一位金身的佛，卓然地伫立在空中，足下有金色云一朵，佛身上更放射着光芒，左手持着数珠，右手仰掌放在胸前，对着邵君在微笑。慈颜喜悦，态度很是可亲，原来就是阿弥陀佛啊！这时那一群鬼怪不知在什么时候都消失了，后来佛身也就隐去。邵君既然亲见阿弥陀佛的降临，就更加兴奋了。病苦已经消失，第二日就出院，身体轻快康健已经恢复常态了。

念佛能愈不治之症，那么，念佛人不就可以不死了？

关于这个问题，应该这样解释：人们的生是乘业力而来的，等到一期业报完毕以后，这个身体也就完了。这个身体譬如是烛，佛菩萨是灯笼，风雨来的时候可以遮蔽；假使烛的本身完了的时候，灯笼也就无能为力了。不过寿命的长短，也可以随心力而转变的；精修佛法的人，是不被业力所拘束的。

佛菩萨救度众生，有顺度的、有逆度的、有显度的，也有隐度的。求病得痊，或所求遂意的，那是顺度；求寿反夭，或所求不遂的，那是逆度。感得佛菩萨为你现身的，是显度；因祈祷而感得人事凑合、机缘相助的，是隐度。

周梅泉居士说："佛菩萨是慈悲无量的，他们有很多的方便法门；遇到人力所绝对不能挽回的事情，就以不可思议的神力加以救度。若是世间常理还可以办到的，就在冥冥中使其机缘宛转凑合而加以救度。又何必件件事情都显现不思议的方式，使世俗的人们惊怪，才算是灵感的征验呢？"

明白了顺逆显隐救度的道理，信心就能纯正而加强了。倘若遇到水火盗贼疾病，能够当境了然，没有疑惑，就知道是学佛以后，重报已减轻受；设使不学佛，痛苦决定不止此。这不是故意自己安慰自己，事实上，因果感应的道理是这样的。我们应该深深体味，当生欢喜之心，感谢三宝慈悲垂护的深恩啊！

"假使百千劫，所作业不亡；因缘会遇时，果报还自受！"有的人看了这首偈之后，就怀疑：既然是"所作业不亡"，为什么祈祷感应，能转祸为福、重报轻受呢？岂非颠倒因果、错乱报应吗？

　　不是的！这首偈是专对业力强的人说的。转祸为福、重报轻受，那是对心力强的人说的。佛法圆融无碍，并没有颠倒的地方，我们须加以精细地分别观察，才能把握它的真理。梦东大师说："心能造业，心能转业；业由心造，业随心转。心不能转业，即为业缚；业不随心转，即能缚心。"

　　"心何以能转业？心与道合、心与佛合，即能转业。"

　　"业何以能缚心？心依常分，任运作受，即为业缚。"

　　"一切现前境界、一切当来果报，皆唯业所感、唯心所现。唯业所感，故前境来报皆有一定，以业能缚心故。唯心所现，故前境来报皆无一定，以心能转业故。"

　　"若人正当业能缚心，前境来报一定之时，而忽发广大心，修真实行；心与佛合、心与道合，则心能转业，前境来报定而不定。"

　　"又心能转业，前境来报不定之时，而大心忽退，实行有亏；则业能缚心，即前境来报不定而定。"

　　"然业乃造于已往，此则无可奈何。所幸发心与否，其机在我；造业转业，不由别人。"

可知一切唯心造，祸福之权都握在我们自己手中，只要勤奋学佛，结果终究是吉祥的。

## 感应释疑

众生祈祷佛菩萨叫作"感"，佛菩萨救济众生叫作"应"，感应贯通以后，苦厄就能度过了。《华严经》说："佛身充满于法界，普现一切众生前；随缘赴感靡不周，而恒处此菩提座。"无论什么地方都有佛存在着，而且常常显现在我们之前，而我们竟不能看见。这是什么缘故呢？非但是佛，就是诸位大菩萨，也无不常常显现在我们之前。《华严经》说："于一微细毛端处，有不可说诸普贤；一切毛端悉亦尔，如是乃至遍法界。"普贤菩萨是这样，其他如文殊、弥勒、地藏、观音、势至诸位菩萨也无不是这样。而我们也没有看见，这岂非欺人之谈吗？不！不是的。佛的话非常真实，决不会虚诳的。海可枯、石可烂，佛语是不可改的。

我们的身体不是细胞的集合体吗？细胞是物质之一，科学家把物质分成原子，不过只有数十种。若再进一层分析起来，就只有原子核、阴电子和阳电子罢了！试问这种物质现象，怎么能转变作生命现象？全世界的科学家没有一个能够彻底答复的。科学家能够把生物分析成原子，可是不能把原子造成生物；世间科学的技巧到这里就没有办法了。

释迦牟尼佛是无上的大科学家，由他亲身实验修证，清楚地知道：组合我们这个身体的，无非是业力的幻现。细胞是物质，而物质的根本乃是能力的集合，并没有实在的体质。从前有一班科学家，以为以太是唯一的实体，然而这以太何尝有实质呢？

我们这个身躯是地水火风四大所合成，从阿赖耶识变幻出来的。这是因为阿赖耶识持有四种功能：一、障碍功能，叫作地大种。二、流润功能，叫作水大种。三、炎热功能，叫作火大种。四、飘动功能，叫作风大种。这四种功能集合在一起，就叫作物质了。因为四种功能集合的成分各有不同，所以有各种差别的原质。周叔迦居士说："倘若将四大种和科学中电子论做个比较，那么，障碍的功能就是电子，流润的功能就是电子吸引的力量，炎热的功能就是电子的电量或电子所含的热，飘动的功能就是电子流动不停的力量。"

阿赖耶识譬如有波浪的海，波浪停息的时候，海水澄静，就是识性，也叫作法性真如。这法性没有形状，也没有边际，无始无终，超空间、越时间的。众生无始以来——譬如环形，无始无终；众生的生死，如在环形里回转着，所以叫作轮回，不像直线般——是有始终的。

都是从阿赖耶识发挥出来的功能，前后相续，没有间断。正如波浪汹涌，一波未平一波又起，所以不能和真如相应。

佛菩萨已经能使这个识性澄清静息，证得广大无边的真如法性。这法性本来具备一切的功德，从此发起妙用，不受时间和空间的限制，就能够分身十方，普遍地显现在一切众生之前；譬如月到中天，它的影子显现在万千江湖之间一般。

佛菩萨既是普遍在一切空间，为什么我们不见不闻呢？这是因为佛菩萨和众生所处的境界不同。佛菩萨已觉，如睡醒的人；众生不觉，如睡熟的人。睡醒的人在睡熟的人之前，那睡熟的人是不见不闻的。众生睡在六尘的床上，正在做五欲的梦，怎能见到佛菩萨呢？

再有一个譬喻：当明月照耀在天中的时候，一群盲子是看不见的。这一群盲人因为没有看见的缘故，就说天中没有月的存在，不是很错误吗？众生没有慧眼，看不见当头的佛月；因为看不见的缘故，就说没有佛。这和盲子说没有月亮有什么两样呢？

上面两个譬喻太简略，或者还不能明白，我再取个譬喻来说明这个道理。譬如无线电波，本来是普遍地充满在任何地方的——不论茶杯里、抽屉里、房间里，以至旷野虚空之中都充满着电波。到处都有无量数的音声同时并作，各各相入，各各不碍。就是我们的耳内，也充满一切音声的电波，可是我们一无所闻，没有感觉。

难道是电波在欺骗我们吗？当然不是！假使我们用一台良好的收音机，拨动刻度盘的指针，对准周波度数，当周波度数和某电台相同，某电台的播音就来相应。拨动指针对准其他周波，就有其他电台的播音，立即现出声音来了。佛菩萨时常显现在我们之前，而我们不见不闻；也就如无线电波处处现在我们之前，而我们没有闻到一般。

电波可以实验而证明其确实存在，佛菩萨的存在也可以实验的。我们的身体就是很好的一台活动收音机呢！佛菩萨的法身譬如以太，以太是充满整个空间的；应化身譬如无线电波，到处都有的。我们的心性本有十种法界，也像收音机本来有若干周波的刻度一般。所谓十种法界就是：一、佛法界，二、菩萨法界，三、缘觉法界，四、声闻法界，五、天法界，六、人法界，七、阿修罗法界，八、鬼法界，九、畜生法界，十、地狱法界。现在把佛和菩萨法界说明一下。

我们倘使拨转我们的心针——念头，执持圣号，趣向于寂照的心境（杂念不生就是寂，了了分明就是照），精进不息、不起杂念、净念坚固，于是这能念的心，和所念的佛，到了无念而念、念而无念的境界；这样随顺着心性，能使本有的其余法界暂时隐伏，而和佛法界或菩萨法界相感通。

我们的心愿和某佛、某菩萨的夙愿相符，某佛、某菩萨就来相应，如磁吸铁，自然投合；我们当时就可以见佛或见菩萨。佛菩萨的夙愿各有不同，如各电台周波各不相同一般；念弥陀的就有弥陀来相应，念观音的就有观音来相应。也像收音机拨某周波的度数，就有这个周波的电台来相应一般。

《法华经》说："若有无量百千万亿众生，受诸苦恼，闻是观世音菩萨，一心称名；观世音菩萨实时观其音声，皆得解脱。"众生是无量的，菩萨怎能一一都照顾到呢？这譬如有百千万亿的收音机，同时收某一电台的播音，只需各各拨准其周波度数，那个电台的播音，就没有先后地在各个收音机里发出同一的声音；菩萨寻声救苦也是这样的。

幽溪大师说："诸佛菩萨没有一刻不想度众生，而众生念念和他们的心愿相违背！"这怎能怪佛菩萨没有感应呢？众生念佛的诚恳程度各不相同，所以心力强弱有别，感应也因此而有差别；这就如收音机构造的不相同啊！

至于《华严经》所说："随缘赴感靡不周，而恒处此菩提座。"这句话怎样解释呢？这譬如巨大的播音电台，发音遍布全地球，而菩提座的电台并没有移动。这里所取的譬喻都是一往之谈。再进一层说，那么以太如阿赖耶识，电波如第六意识，这样说法比较相近些。

世间的事相很复杂，一事的发生为祸为福不容易断言，而且不能预先知道。我们碰着意外的事应该做祈祷，假使能得佛力慈悲保护，终究能够获得安乐的；若是能为众生忏悔回向，功德更是伟大。

中轮法师说："有的人说：'回向和平，世界就能够和平吗？假使是这样的话，那么现在并不是没有人在回向，为什么世乱还是如鼎沸，而不能稍微停止呢？'我说：众生的恶业在逐渐增加上去，念念不停，时时加盛，旧的恶业才息，新的恶业又起。少数人的功德回向真是消不胜消，不过劫难已经因之减轻了。譬如医生治病，用足药量，可是病人不忌生冷、不避风寒，旧病才减，新病又加；这不是药石不灵，实在是病人自作孽哩！"

我们假使有所祈求，要是诚心祈祷，没有不得感应的；佛菩萨一定以顺逆显隐种种方便，来满足祈求者的心愿。因为佛菩萨具有同体大悲心，看待一切众生，就和他们自己一般，没有彼此的分别；他们无时无刻不在想念众生，设法拔去众生的苦，而给予众生快乐呢！

关于"可许则许"我已约略解释过了，希望读者诸君精勤地来修佛道啊！

# 致李怀耕居士书一

怀耕兄：

自从别了以来，想你在山上起居很安好，心地很清凉吧！常常想到你遭遇的不如意，很使我深深地感觉怅惘！人生世间，不如意的事固然是很多的；我们既然得了人身，怎能免除得脱呢？譬如在荆棘林中行走，怎能怪荆棘勾牵我们的衣履啊！然而我们既不幸落入荆棘林中，还是耐着心把当前的荆棘拨开，向前缓步行去的好。这样荆棘于我们就不至于有什么妨碍了。

世间的事情都随时随地在变异，月圆了要缺，花开了要谢，眷属的恩爱终必分散。人生不可避免的生、老、病、死、爱别离、怨憎会、求不得、五阴盛的八苦，说起来真使人寒心啊！不过月缺可以再圆，花谢了可以重开，而眷属的生离死别呢？那就很难重圆了。这真是世间最痛苦的事了。要补救这一痛苦，只有一致趋心弥陀净土，到了那边"共会一处"，就永不会别离了。若是能够这样发心，那么世间上一期的生离死别，又何足悲痛？何况你们是暂时的小别，那更何必心里不快呢？

我们生存在世间上，不过几十年的光阴，如石火电光般，一转眼就过去了。虚幻的梦境是不真实的，等到一觉醒来真是不值一笑！梦中的得失，何必去忧悲喜悦呢？

我们都是三十以外的中年人了，当我回头看看三十年前的事，真像一场春梦！假使以过去的经验来推想未来，那么，就算我们能活到百岁，也不过如此而已。不知道你有没有这样的感觉？

你最近的遭遇，我真为你感到不适。可是再反过来一想，拂逆挫折、失败打击，未必就能困厄我们；非但不能困厄我们，也许还能玉成我们。我说这话，并非我置身灾祸之外来说风凉话。因为我们有过去善恶的业，种在八识田中；因着这种子次第地成熟，于是顺逆的境界也次第地发现。所以祸福是我们自己造的，我们还能怨尤谁呢？这就是佛教所以注重忏悔、贵于实行的道理。

你们夫妻俩因为境遇的不幸，于是归心佛法，早晚祈祷，可是希求的愿望并没有达到。这是菩萨不保佑你们呢，还是你们的心不够至诚呢？假使心还不够至诚，应该自己省察，不要强自以为已经至诚恳切了，这种自欺欺人的态度是不对的。

若你们的祈祷确实是至诚恳切，菩萨一定会保佑你们的。菩萨有不佑之佑，在表面上虽看不出来，而其所保佑你们的，实在是很远大的。凡夫们的目光，所见不远，常常因为目前的得失，就作为定论，那实在是很浅薄而谬妄的。

马鸣菩萨《起信论》里说，菩萨常用逆境救度人。能够明白这个道理，虽然碰着逆境，又何必怨尤呢？有的人或者要怀疑，佛菩萨为什么要用逆境来度人？这是因为众生处在顺境的时候，放纵在声色五欲之中，要想让他们修习佛道是很困难的；这种人必须逢到逆境，才能对往昔的行为发生忏悔的心，而起进修佛道的愿。佛经说："八苦是良师。"实在是很对的。

譬如钢铁的铸成，其熔点热度，假使不较铸铁为高（就是要比铸铁受更苦热的磨炼），怎能成就其为钢呢？再如供人瞻仰的丰厚高大的碑石，不知道它已曾经过多少的千锥万斧了呢！否则谁愿来抚摩这顽石啊！

世间的事多一番失败，就增加一番经验。那不曾经过挫折而每每获致成功的人，他们的意志必定骄慢，行动必定忽略，而他们的事业也容易崩溃。可知逆境足以挫折我们骄浮的气焰、规范我们放逸的行动，它实是我们的善知识哩！这就是菩萨所以用逆境来度人的道理了。

"随缘消夙业，更不造新殃"，这是佛教徒的人生观之一。我们遇到不如意的事，应当不沮丧也不畏缩。还有一个法子，就是碰着不如意事，能够退一步想，那就海阔天空了。

希望你能放开眼界，看得深远一些，心胸就能廓然了。处在障碍的环境而不受环境所障碍，那么障碍的环境和你有什么相干呢？（譬如到了乡僻的地方，没有软白的大米饭吃；我们可以把黄糙米饭，咀嚼得烂一些、吃得少一些，一样的容易消化，可以帮助我们营养。假使我们不因此而起烦躁不安，环境于我们有什么妨碍呢？）倘若镇日地忧戚痛苦、多愁多虑，是会耗损你的精神体力的；徒然自苦又做什么呢？

《印光大师文钞》可以度你的苦危；山居闲暇，请你熟读一遍。夜已深了，不能尽我所欲言，请你珍摄！

一九四六年十一月二日下午十一时灯下　弟海量上言

## 致李怀耕居士书二

怀耕兄：

昨日寄给你的信，想已蒙阅读过了。今日碰着令兄，据说你曾经对他这样说："倘若因为偶然破戒的缘故，就须受到严酷的刑罚，那么，不守六斋、十斋的人们，为什么倒逍遥自在呢？"在你的处境，是难怪你有这样的怨怼语！这也是人情之常，不独你一人是这样的啊！

不过人们在过去世所种的因，各不相同；因为宿业不同，而使今世受报也就有差别。这是属于"别业"问题，不可以拿自己的业报和别人去比较，一概而论的。譬如同校中学生同级读书，而资质各有差别：有的是十分，有的是二三分。那只有二三分资质的人，虽然竭力读书，恐怕还有留级的危险；而那些具有十分资质的，读书虽然漫不经心，可是常得名列前茅。这没有别的道理，不过是他们的宿习不同罢了！

那留级的倘若说："我攻读得很勤苦，现在竟被留级；某某不很用功而能名列前茅。为什么事情这样颠倒呢?"试问你，这样的责问对还不对呢？

受报相同的，那是"共业"。如这件案中受累的人，未必都信佛念佛，而所科的罪和你相同，并没有较你加重。在俗眼看来，你的祈求是徒然了。那可不是这样说，这是佛经中所谓"共业"。不过"共业"中有"别业"。如同一学校毕业，这是"共业"；而个人程度各别，则是"别业"。所以祈求也自有其功用，不过这里面的消息是很微妙的。

信佛的志愿不坚定，善念就不纯正，结果必被业力所束缚。虽然如此，可是在我看来，多一番逆境，就消除一层业障；能够奋斗到底，到后来必能获得胜利的。若是中途屈服，那痛苦就没有穷尽了。请你鼓足勇气，再接再厉！打开荆棘的路途，辟出康庄的大道！事在人为，不要学俗人的见解，推诿给气数啊！我的见识不广、智慧狭劣，所譬喻的或者不很适当，还希望你多读佛书，那里面是宝藏无尽，俯拾即是的。

"振衣千仞岗，濯足万里流"！学佛者的胸"怀"应该这样去"耕"耘，将来的收获就丰富了。

一九四六年十一月四日灯下　弟海量上言

# 出版后记

星云大师说："我童年出家的栖霞寺里面，有一座庄严的藏经楼，楼上收藏佛经，楼下是法堂，平常如同圣地一般，戒备森严，不准亲近一步。后来好不容易有机缘进到藏经楼，见到那些经书，大都是木刻本，既没有分段也没有标点，有如天书，当然我是看不懂的。"大师忧心《大藏经》卷帙浩繁，又藏于深山宝刹，平常百姓只能望藏兴叹；藏海无边，文辞古朴，亦让人望文却步。在大师倡导主持下，集合两岸近百位学者，经五年之努力，终于编修了这部多层次、多角度、全面反映佛教文化的白话精华大藏经——《中国佛教经典宝藏》，将佛教深睿的奥义妙法通俗地再现今世，为现代人提供学佛求法的方便途径。

完整地引进《中国佛教经典宝藏》是我们的夙愿，

三年来，我们组织了简体字版的编审委员会，编订了详细精当的《编辑手册》，吸收了近二十年来佛学研究的新成果，对整套丛书重新编审编校。需要说明的是此次出版将丛书名更改为《中国佛学经典宝藏》。

佛曰：一旦起心动念，也就有了因果。三年的不懈努力，终于功德圆满。一百三十二册，精校精勘，美轮美奂。翰墨书香，融入经藏智慧；典雅庄严，裹沁着玄妙法门。我们相信，大师与经藏的智慧一定能普应于世，济助众生。

东方出版社

**图书在版编目（CIP）数据**

往生有分 / 妙莲 著. —北京：东方出版社，2015. 9
（中国佛学经典宝藏）
ISBN 978 - 7 - 5060 - 8608 - 0

Ⅰ.①往… Ⅱ.①妙… Ⅲ.①佛教—通俗读物 Ⅳ.①B94 - 49

中国版本图书馆 CIP 数据核字（2015）第 289664 号

本书中文简体字版权由上海大觉文化传播有限公司独家授权出版
中文简体字版专有权属东方出版社

**往生有分**
（WANGSHENG YOUFEN）

作　　者：妙　莲
责任编辑：查长莲
出　　版：东方出版社
发　　行：人民东方出版传媒有限公司
地　　址：北京市东城区东四十条 113 号
邮政编码：100007
印　　刷：北京汇林印务有限公司
版　　次：2016 年 5 月第 1 版
印　　次：2016 年 5 月第 1 次印刷
印　　数：1—3000 册
开　　本：880 毫米×1230 毫米　1/32
印　　张：7. 625
字　　数：120 千字
书　　号：ISBN 978 - 7 - 5060 - 8608 - 0
定　　价：36. 00 元
发行电话：（010）85924663　　85924644　　85924641